勇敢者游戏

商业是一场伟大的冒险

熊雄 著

THE
GAME
OF
THE BRAVE
BUSINESS IS A GREAT ADVENTURE

浙商过去相对低调不愿发声，但这个群体其实非常务实，也有很多实战干货。2020年度风云浙商熊雄先生，白手起家，早年经历非常丰富，在商业的方法论和经营管理等层面，也有着非常独到的见解和看法。

在本书中，他会将自己几十年以来的所见所闻所感分享给各位读者朋友。内容既包含深刻的创业哲学、自我管理，也有具体商战中战略和战术等层面的落地思考。对于真正想要了解管理经营知识的人来说，本书是不可多得的读物。

图书在版编目（CIP）数据

勇敢者游戏：商业是一场伟大的冒险 / 熊雄著. —北京：机械工业出版社，2023.4（2023.8重印）
ISBN 978-7-111-72955-6

Ⅰ.①勇⋯ Ⅱ.①熊⋯ Ⅲ.①商业经营 Ⅳ.①F713

中国国家版本馆 CIP 数据核字（2023）第057087号

机械工业出版社（北京市百万庄大街22号　邮政编码100037）
策划编辑：坚喜斌　　　　　责任编辑：坚喜斌　陈　洁
责任校对：韩佳欣　李　婷　责任印制：李　昂
北京联兴盛业印刷股份有限公司印刷
2023年8月第1版第2次印刷
145mm×210mm·8.125印张·3插页·134千字
标准书号：ISBN 978-7-111-72955-6
定价：69.00元

电话服务　　　　　　　　网络服务
客服电话：010-88361066　机 工 官 网：www.cmpbook.com
　　　　　010-88379833　机 工 官 博：weibo.com/cmp1952
　　　　　010-68326294　金 书 网：www.golden-book.com
封底无防伪标均为盗版　　机工教育服务网：www.cmpedu.com

序

我在 2009 年开始二次创业，白手起家，早年经历十分艰苦，那种感觉就像是黑暗里找光，不知道未来在哪里，何时会迎来转机。加上为了以小博大，我的公司地址选在了海南偏僻的一个小村庄里，那种与世隔绝的处境让我觉得自己就是现代版鲁滨逊。那时候我读《许三观卖血记》，看《肖申克的救赎》。

"有一种鸟儿，是关不住的，因为它的每一根羽毛，都散发着自由的光辉。"在那段暗无天日的时光里，我坚信所有杀不死我的，只会让我变得更加强大。不想改变的原因往往是因为痛苦不够，痛苦足够多的时候，改变就变成了再自然不过的求生之举。因我曾经历过在黑暗中找光的苦楚，所以希望正在看这本书的有心人可以少走弯路，让我微弱的光可以划破你的黑夜，照亮前行的路。

创业二十多年以后，我发觉这条道路上最大的障碍往往并不是来自对手，而是来自自己。人们总是习惯在成功的时候，将原因归结于自己；在失败的时候，将原因归结于外界。这种思维最具破坏性的地方在于，它无法让人得到根本性的成长。

当下大多数的年轻人之所以陷入情绪的旋涡，做着与目标无关的事情，是因为他们在逃避内在自我。他们不敢找到问题的根源，也不相信凭借自己的努力可以真正解决问题，改变处境。我也曾经年轻过，如果那个时候有一个人能够告诉我这些道理，让我从当时的困惑中抽离出来，站在更清晰的视角把问题想清楚，那么今天的我可能又会大不相同。

所谓借假修真，借的是创业这条路，修的是自身心性。所谓的领袖气质，不只是一意孤行的勇气，还要有反求诸己的能力。自我归因才能让一切变得简单。投资自己，才是永远正确的投资。

熊雄

目 录

序

第一章　商业是一场伟大的冒险 / 001

企业家需要冒险精神 / 002
企业家是天生的冒险家 / 002
高风险背后是高收益 / 005
享受与不确定性共舞 / 008

商业创新：刀刃向内，自我革命 / 013
从无到有的创新，往往有颠覆性的效果 / 014
内卷的情况下如何进行微创新 / 016
创新虽然重要，但不能矫枉过正 / 021

多维度思考才能有商业洞察 / 025
每个创业者心里都住着一个鲁滨逊 / 026
商业认知从何而来？多维度碰撞 / 029
只有多维度思考，才会产生商业价值 / 032

不是所有的生意都能称为事业 / 035
生意以利益至上，事业可以牺牲小利 / 035
事业的本质是延迟性满足 / 038
真正产生社会价值的才叫事业 / 041

第二章　反求诸己，我是一切的根源 / 045

反求诸己，自我取悦 / 046
解决焦虑的核心是自己更加强大 / 046
享受孤独，享受自律带来的快感 / 050
自我是一切的根源，凡事反求诸己 / 052

宁要错误的乐观，也不要正确的悲观 / 058
危机中育新机 / 059
保持乐观才能让你更坚定 / 062
权力和财富是过客，让我们成为创业路上的乐观主义者 / 064

爱惜羽毛，口碑是行走江湖的利器 / 068
口碑是商人的护城河 / 069
口碑是商业世界的稀缺产物 / 072
对年轻人而言：爱惜羽毛，不要短择 / 075

投资自己才是永远正确的投资 / 077
认知以外的投资都是伪投资 / 078
普通人投资股票就是博弈 / 081
要做正确的投资 / 084

第三章　创业是一场旷日持久的马拉松 / 087

创业是一场马拉松 / 088
创业九死一生，是持久战 / 089

人才是决定性因素 / 091

熬到终点线的才是真英雄 / 094

创业者如何寻找合伙人 / 098

江湖式的创业模式很难做大 / 098

在商言商，江湖方式进入，商业方式退出 / 102

成熟的创业者寻找合伙人是有方法的 / 106

创业公司要更加扁平化 / 109

扁平化架构：去肥增瘦，保留有效人才 / 109

扁平的沟通方式带来更高的效率 / 113

灵活柔软"阿米巴"，拥有更强的生命力 / 116

100 个开始，不如 1 个完成 / 120

100 个开始与 1 个完成 / 120

一个完成才是千万个完成的开始 / 124

井至最深，水到渠成 / 129

第四章　在正确的时间，做正确的事 / 131

普通人要学会抓住时代的红利 / 132

英雄总有落幕时——房住不炒的时代下，地产红利
  已不复存在 / 133

互联网还是造富工厂吗 / 136

普通人如何争分夺秒，抢时代的红利 / 138

人弃我取，弯道超车 / 143

字节跳动的逆袭是弯道超车 / 144

世界在下沉，投资人去县城 / 147

人弃我取，弯道超车不是梦 / 150

降维打击，成功概率更高 / 153

二房东这门生意还能不能做 / 155

在野蛮生长的时代，二房东"躺着赚钱" / 155

新型二房东的崛起也未能挽救颓势 / 158

房地产时代已经落幕，二房东更不能做 / 161

年轻人需要精神寄托，新消费有大未来 / 165

新消费为什么火爆 / 166

新消费的本质是情感寄托 / 169

新消费赛道的哪些项目是可做的 / 172

第五章　抛弃幻象，回归商业本质 / 177

商业要回归盈利本质 / 178

商业不配谈浪漫 / 179

对创业公司而言，最重要的是活下去 / 182

90%的创业者没有资格说品牌 / 184

商业世界不存在价廉物美 / 189

性价比是个伪概念 / 189

只为20%的高净值客户服务 / 192

谁才是真正聪明的消费者 / 195

抬头仰望星空，低头脚踏实地 / 199

缺什么，才会秀什么 / 199

真正赚到一个亿的人，都历经"千辛万苦" / 202

年轻人可以仰望星空，内心还是要脚踏实地 / 204

乡村振兴是大势所趋 / 208

乡村振兴不可急于求成，要学会以小博大 / 208

不可作为入侵者引起当地反感 / 212

多方共赢的项目才能真正持久 / 214

第六章 发展才是硬道理 / 221

发展是解决一切问题的根本 / 222

在商业世界，变化是唯一的不变 / 223

轻餐饮有大世界，小烧饼有大未来 / 225

只有不断往前，才能最终掌握主动权 / 228

商业的本质从不改变："三高一低"商业原则 / 233

"三高一低"商业理论的缘起 / 234

完全不满足"三高一低"原则，是伪商业 / 237

真正可持续的商业模式，都暗含"三高一低"原则 / 240

参考文献 / 243

第一章
商业是一场伟大的冒险

企业家需要冒险精神

企业家是天生的冒险家

企业家的英文是 Entrepreneur——商业冒险家。什么是冒险家？是敢于做一般人不敢做的事情，享受整个过程，并真正把它实现的人。

既然是冒险，那么成功就是一个概率事件，而这也正是其魅力所在。

我做山屿海之前也是经历了很多次的失败，屡战屡败，屡败屡战，才有了今天的成功。天生不服输的性格，加上骨子里热爱自由的天性，让我能在创业这条道路上一路到底，一路高歌。

冒险是一种天生的素质，甚至与人的基因相关。历史上大多成功的企业家，都是天生的冒险家。这类人天生喜欢自由，不愿被掌控，热爱追逐远大的理想和挑战，成为一个安逸的打工人或循规蹈矩地接受社会的规则和安排，

第一章
商业是一场伟大的冒险

反而让他们如坐针毡。

为什么有那么多连续创业者？因为走上了创业这条路，品尝了这其中的酸甜苦辣以后，他们就很难再回头安心做打工族了。所以即便失败了一次，他们还是要继续尝试，直至成功。

记得当初成立山屿海，身上没有多少钱的时候，我就安慰自己，这次如果真的失败，实在不行就回家做烧饼养活自己。当然这是安慰的话，我坚定地认为，我已经历过这么多创业的艰辛，也做足了身心和各方面的准备，此次是背水一战，只能成功，不能回头。"无限风光在险峰"，冒险的意义有时候并不止于最终的结果，而是过程，是那种不断进步、不断挑战自我的刺激感。过程中感受自己的成长，从山脚爬到了山顶，虽然经过悬崖峭壁，也曾面临生死挑战，但是最后，真的会看到不同寻常的风光。

创业者都抱着必胜的决心，并且做好最坏的心理预期。冒险的本质，是开辟出一条全新的道路。这条路上人烟稀少，也会面临非常多未知的风险，但是只要方向正确，判断正确，勇往直前，就能够获得更高的收益。伟大的商业冒险也是如此。

蓝色起源创始人贝索斯说："如果创始人提出一个没有风险的解决方案，大概率可能已经被他人做过。"从创始人的角度而言，他必须接受一个事实：自己所做的生意可能会成为一个失败的实验。

客观来说，创始人如果选择了一条他人已经验证过的道路，那么他确实会走得相对轻松，但这必然是一个红海市场。在激烈的市场竞争下，他很难依靠较少的资源突出重围。只有敢于冒险，敢于开辟，才有可能获得更大的成功。从某种意义上来说，风险越大，成功和失败的概率越高。

到底是穿越丛林，还是停留在那边，决定了未来十年甚至更长时间，人们之间的不同命运。对于大多数人而言，他们不愿意主动做出选择。但不选择本身也是一种选择。

为了安全而选择停留在丛林那边的人，小心翼翼就能够应付随时变化的世界吗？即便是存进银行的钱，也会面临银行破产或通货膨胀贬值的风险，在这个不确定世界，原本以不变应万变的策略不再能给人带来安全感。

长远来看，任何选择都包含风险性。不敢冒险，才是人们所面临的最大风险。

第一章
商业是一场伟大的冒险

高风险背后是高收益

不是所有风险都值得企业家一意孤行。值得企业家冒险的领域,一定蕴含着巨大的机遇。就像淘金客一样,所有人都在这一山谷里挖金矿的时候,有些人通过一些蛛丝马迹判断出另一个地方可能也有金矿,于是他们独自冒险前行。见常人所未见,走常人未走之路,这确实非常考验创始人的眼光。

维珍航空的创始人理查德·布兰森当年跨行接管了英国最繁忙的火车线路——西海岸干线,对其他人而言,从事一个陌生的领域是种冒险,但对理查德来说,这更是一个机会,他做不到视而不见。

"我们进入新领域唯一的原因是,我们觉得其他人经营得太糟糕了。"理查德·布兰森在接受采访时如此解释他布局新领域的原因。在当时,英国铁路运营的是老旧火车,服务也不够贴心,理查德认为他能够通过以前积累的航空服务经验赋能这一行业,给用户带来全新的铁路,给行业带来巨大的改善。

从 1997 年开始,维珍航空开始为西海岸干线不断提供列车运输和优质的服务。在很短的时间内，乘客就从 800 万人次增加至 4000 万人次。数据显示，22 年时间内，维珍已完成 5 亿多趟旅行，是英国历史上服务时间最长的铁路运营方。除了获得了巨大的收益，维珍更收获了国民的拥护。维珍认为，当创始人开始从事具有挑战性且重要的冒险时，优秀的人会自动被吸引并加入队伍。冒险带来的收益不只是账面上的，还有人才储备的收益，这一宝贵资产给公司带来的价值是无穷的。所以，冒险之旅也许起初很难，但前方一定会有更多的惊喜在等着你。

"曲径通幽处，禅房花木深。"对于企业家而言，同样一件事物，他们看到的更多是风险背后蕴藏着的巨大收益。

全球知名的希尔顿酒店最早就是依赖于创始人独特的眼光和过人的胆量才诞生的。当时，希尔顿还是个一穷二白的年轻人，闲逛的时候忽然发现达拉斯商业区只有一家像样的酒店。如此繁华、人流量密集的区域却只有一家酒户，他的脑子里生出一个想法——在这片区域建立自己的酒店一定会非常赚钱。

海市蜃楼般的想法需要雄厚的资金实力。测算下来，酒店建造需要本金至少 100 万美元。而当时的希尔顿手中只有 5000 美元。如何弥补这其中的差距？希尔顿想到了

第一章
商业是一场伟大的冒险

借鸡生蛋的好办法。

他先找到朋友一起凑够 10 万美元建设酒店。此后他又找到老德米克，询问自己能否用 30 万美元获得他的土地所有权。等到按约付款的当天，他却和老德米克表示自己并没有这么多钱，能否以租用的方式分期付款，在老德米克保留土地所有权的同时，以年租金 3 万美元的方式交付。不过租期很长，需要至少 90 年。很明显这是一个于希尔顿更有利的谈判条件，因为租期很长，当下他只需要很低的成本去撬动杠杆。经过一番说服，老德米克同意了。再之后，希尔顿又通过抵押旅店的方式拿到了 30 万美元，还说服土地开发商投资了自己 20 万美元。

可以看出希尔顿有极强的说服力及撬动资金杠杆的能力。之后为了解决资金短缺的难题，他又跑去说服老德米克，同意其出资完成剩余的酒店建设工程。这一次，老德米克除了享有酒店本身以外，还能定期拿到租金收入，希尔顿本人则通过租赁的形式完成酒店经营。这形成了最早期的业主与经营托管模式。因为已经被希尔顿套牢了，所以老德米克只能选择继续同意他的请求。没有人能想到，希尔顿就是通过这样的方式获得了酒店建设的第一桶金。最终希尔顿酒店不断扩张，成为如今家喻户晓的全球高端酒店品牌。

希尔顿确实是一个敢于想象并敢于冒险的人。任何一个环节的失误或内外部因素影响下所导致的酒店经营不善，都将使希尔顿的朋友、老德米克、土地开发商等所有人的一切努力付诸东流。正是顶着资金风险、信任风险、内外部环境风险，希尔顿将酒店事业变成了现实。

凡事都有代价，商业冒险也是一样。天堂与地狱，往往只在一夕之间。

享受与不确定性共舞

"企业家要随时有与死神共进晚餐的勇气"，这句话虽然夸张却很实在。

今天中国大多数创业者，在没有本金的情况下，大多通过风险投资或银行借贷等方式来创业，其所承担的风险可想而知。创业者在九死一生的创业之旅中，赌对了赛道是鲜花掌声围绕，成为聚光灯下的宠儿；赌错了赛道不只是倾家荡产、名誉扫地，还可能面临牢狱之灾。

但成功的企业家不惧风险，甚至早已享受与不确定性共舞的感觉。在常人眼里是风险的事情，在他们眼里，是机会大于风险的宝藏。

第一章
商业是一场伟大的冒险

石油大王洛克菲勒在已经占据了市场龙头地位的时候，依然会面临很多战略层面的艰难抉择。

19世纪80年代，关于是否要购买利马油田这件事情，洛克菲勒和公司内部的股东们产生了不同意见。股东们坚持不同意购买，而洛克菲勒则持相反意见。核心在于油田存在天然缺陷，含硫量较高，一旦发生化学反应就会散发出难闻的味道。这样的油田，在专业人士眼里是不具有投资价值的，所以当洛克菲勒决定一意孤行的时候，很快遭到了股东们的一致反对。

但正是因为原油的含硫量较高，所以市场价非常低。洛克菲勒看中的是这其中蕴含的机会。他认为只要能够找到将硫去除的办法，这将会是一笔非常不错的买卖。最后他力排众议，说服了整个委员会，顺利以800万美元的低价买下了这片油田。

洛克菲勒并没有很快看到油田所带来的经济效益。他用20万美元专门聘请了一位化学家对油田进行研究，试图找到去除硫的解决方案，结果两年时间都没有研究出一个明确的结果。股东们冷嘲热讽，洛克菲勒依然没有放弃，还是坚持让化学家不断实验。最后他也终于等到了来自化学家的好消息，去除硫的方法实验成功，这也意味着洛克菲勒从此以后可以低成本利用油田。经过这两年的坚持,他获得了巨大收益。

企业家精神是不确定条件下的判断性决策。这是经济学家坎蒂隆在《商业性质概论》一书中提到的观点。很多时候,企业家往往面临的是没有任何已知经验或数据支撑的未知事物,他们无法清晰地用数据预估最终的结果。在市场和周围全是噪声的情况下,企业家必须通过自己的深度思考,通过自己的常识或认知去做判断。

"总会有一些人指出你所做的决定有可能带来的潜在风险。从局部来说他们也许是对的。对于你将要做的任何决定来说,都会有利有弊。但是总体来说,如果你遇事犹豫不决,不敢做出任何改变,那我认为你注定会失败,并且无法跟上时代的潮流。"全球社交巨头Facebook的创始人扎克伯格也如此认为。

古今中外,真正有大格局的企业家都享受与不确定性共舞的感觉。而所谓的企业家精神,无非就是能够在时刻面临不确定性的情况下,通过长期数据积累下的商业记忆做出正确的抉择,这背后是有丰富的商海经验和无数次惊涛骇浪里绝命逃生的勇气作为支撑。

当然企业家也不能一味冒险,冒险的同时也需要一些风险回撤策略。比如,某些公司在做投资决策的时候,往

第一章
商业是一场伟大的冒险

往会采取一些分散和对冲的策略,俗话就是"鸡蛋不放在一个篮子里"。应用到近两年的旅游行业,很多企业都转型直播带货来获取更多的现金流资本;也有很多餐饮企业,会选择增加预制菜等现金流项目去抵抗原有业务所带来的不确定性风险。这种风险的对冲在一定程度上减少了冒险带来的不确定性,增强了成功的概率。

当下可以说是一个不确定性加速的时代。逆全球化的趋势也逐渐显现,从世界范围来看,对企业家是巨大的挑战。《富爸爸穷爸爸》的作者罗伯特·清崎前段时间甚至公开表示,一场全球性的低迷即将到来。

但同时他也认为,这场危机并不是针对所有人。对于那些已经有所准备的人而言,反而会做得更好。以自己为例,他在2008年以后赚到的钱比在牛市的时候还要多。所以罗伯特·清崎认为,当下环境确实对创业者提出了更高的挑战。但更优秀的创业者将脱颖而出,赢得不确定所带来的更高回报。

世界上很多的专家学者都在试图给这个世界找一些合理的、确定的解释。但不确定性和无常才是人类生活的真实面貌。所以,企业家才是真正了解世界真相的一群人。他们因为早就清楚了世界的不确定性,所以更愿意直面问题，寻找解决之道。而普罗大众却常常认为这些是无法理解的冒险之举。

著名作家和演讲人西蒙·斯涅克认为，商业世界有两种游戏，一种是无限游戏，另一种是有限游戏。在有限游戏中，玩家和规则固定，游戏结束的时间也固定；但在无限游戏中，玩家随机，规则不确定且多变，最后某些玩家消耗尽了意志力和资源，选择主动退出，而这间接增加了剩余玩家的胜利筹码。商业本质上来说就是一场无限游戏，只要企业家不主动停下脚步，就可以继续踏上这条冒险之旅，如图 1-1 所示。

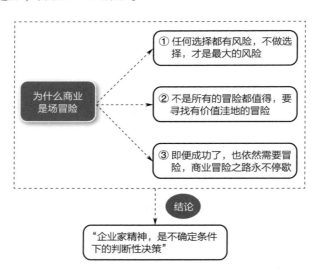

图 1-1　商业是一场冒险

商业创新：刀刃向内，自我革命

我创业至今二十多年，从未见过任何一家老牌企业能够依靠一成不变的商业策略活到今天。过去没有，现在没有，将来也不可能存在。"大多数创新会失败，但不创新的公司会死亡。"对企业而言，创新确实存在风险，但如果不创新，迟早会面临被淘汰的结局。

"中国女装第一股"拉夏贝尔在疯狂扩张的同时创新乏力，最终逐渐被消费者摒弃，不可避免地走上了破产的道路；曾经万人空巷的李阳疯狂英语，在英语资源相对稀缺的年代确实赢得了非常多用户的喜欢，但是时至今日，这套模式不再奏效，李阳疯狂英语便也逐渐消失在了媒体和公众的视线里。

在今天的社会和经济环境之下，企业面临比以往更复杂多变的挑战。无论是创业型公司还是成熟型企业，创新的本质都是在变化的市场采取灵活性的应对策略。

创新不是拘泥于重大的、创新性的突破，也不是专属于超凡脱俗的"天才们"。很多时候对于新出现的模式或事物，即便是投身其中的人，也是抱着"摸着石头过河"的思路前行，因为任何人都无法判断这种创新在未来的市场上的潜力会有多大。

比如，在21世纪初互联网刚刚兴起的时候，很多人是难以预料到未来互联网行业会颠覆这么多传统企业，甚至成为主流的。

从无到有的创新，往往有颠覆性的效果

颠覆性创新往往来自时代红利，或者底层技术的更迭，或者商业模式的根本变化。这种从无到有的创新，往往会像蝴蝶效应一样有颠覆性的效果。

以手机行业为例，第一代移动通信时期，流行以摩托罗拉为代表的"大哥大"，20世纪90年代的时候，人们纷纷以拥有一部"大哥大"为荣；但是很快，2G/3G的兴起颠覆了市场格局，诺基亚、爱立信等厂商崛起，摩托罗拉逐渐陨落；等到4G时代，诺基亚也逐渐落寞，小米、苹果等一众企业风光无限。

偏居一隅的深圳大疆公司，凭借无人机的创新技术，

目前在全球范围内有着极强的影响力。它自主研发的公开专利在上千量级，全球市场的占有率高达 70% 以上，是民用无人机领域当之无愧的独角兽企业，美国《福布斯》杂志也将大疆与戴尔等公司相提并论。

但在 2006 年汪涛刚刚成立大疆的时候，公司办公室位于一座居民楼内，招人都很困难。全部员工不到十个人的情况下，团队每天就是深度研磨技术和产品层面的创新。这种创新因为是从零到一，所以往往在刚开始的时候无人问津，甚至被人冷落。直到经过时间的沉淀，人们才能发现这些创新的真正价值所在。

创始人汪涛毕业于香港科技大学，上学期间就开始研究直升机的飞行控制系统，骨子里有一股磨灭不掉的对技术和产品的执着。也正是借着这股劲儿，大疆开发出了精灵 Phantom1 这样的产品，推出以后引爆了整个航拍领域。此后，大疆又不断挖人，并在核心技术上创新，由此打造出了自己坚固的护城河，成为民用无人机市场当之无愧的第一名。

大疆利用其核心技术，联动农业、车载、教育等不同行业。在消费领域的拍照摄影自是不必提，比如播撒种子、通过实时感知周围车流状态实现智能减速避让及跟车启停等，现在也可以凭借无人机的技术做到。

此前很多国内科技公司，由于核心科技（比如芯片等）并不掌握在自己手中，即便有了市场占有率，也依然存在被外界诟病的情形。但大疆最具优势的地方在于，它擅长自我革命，所有的创新技术都是从零到一（见图1-2）。由此，它除掉了被外界环境过多影响的隐患。也正是源于这种不断的技术积累，大疆最终在全世界范围内赢得了属于自己的荣耀和勋章。

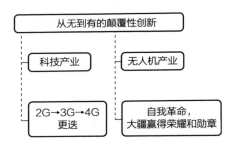

图1-2 从无到有的颠覆性创新

内卷的情况下如何进行微创新

从零到一的创新更多发生在前几十年国家经济高速发展的情况下,几十年间，各行各业方兴未艾，任何从零到一的有效创新都有可能实现非常大的良性循环。

第一章
商业是一场伟大的冒险

但一个事实是,今天各行各业的市场竞争环境已经严重到了"内卷"的程度。比如,传统家电市场经历了四十多年的淘洗以后,目前已经处于行业成熟期。该市场不仅竞争激烈,产能过剩,就连价格战的手法也不再有效。国内以格力、美的、海尔和 TCL 为代表的寡头格局已经形成。加之大环境影响,尤其是房地产行业的低迷,也间接影响了家电市场。即便龙头企业,近几年的日子也不好过。

大部分家电企业都选择裁员过冬,或者推出其他系列产品来维持第二增长。比如,美的推出高端品牌 COLMO。再如,海尔则凭借着不停地开展微创新,在洗衣机领域维持着相对较高的增长,如推出双擎热泵烘干技术,有效防止衣物缠绕;通过数字化技术推出胶囊洗衣机,满足用户的个性化需求等。

由此可见,在从零到一的创新领域逐渐被开发,已存在的有效创新内卷的情况下,企业能做的更多是基于运营或资源配置等层面,使用相对较低的成本实现更高效的创新。简而言之,就是基于用户需求和痛点,进行"四两拨千斤"式的微创新。

港股"小酒馆第一股",有着"酒馆界蜜雪冰城"

"夜间星巴克"之称的啤酒品牌海伦司,正是凭借着"四两拨千斤"的微创新,在以个体户为主的酒馆行业异军突起。

海伦司和普通酒馆的差别在于,他们并不将自己定义为一家纯粹意义上的酒馆,而是一个年轻人社交的公共空间。这里没有飞镖、没有驻场歌手,用户来了以后可以一起轻松地聊天,并且对年轻人而言,这里价格友好,一般的夜间酒馆一杯酒动辄 30 元以上,但海伦司一杯酒的价格只在 10 元左右,而且品类齐全。

海伦司特别擅长营造社交气氛。比如,海伦司会给每日到店的前几十桌客人免费送礼品,又或者是新店开业前几天,每人可以免费领啤酒等,包括时常举办的免费畅饮活动。对于 Z 世代(1995—2009 年出生的人,受互联网和创新思想影响较多的人群)来说,这些具有极强的诱惑。

海伦司开的第一家店在五道口的偏僻角落,其实是没有任何地理优势的。但就是凭借着这一系列的创新打法,海伦司吸引了附近的大学生。我每次过去,看到的都是座无虚席,甚至排队等待的情景。

第一章
商业是一场伟大的冒险

当然低价和活动并不意味着亏损。海伦司的聪明之处在于他们为了将商业主动权掌握在自己手中,采取了70%以上自营品牌的策略,薄利多销。通过低价、自营、标准化这一系列创新性的组合拳,最终海伦司成为酒吧行业里难得能够连锁且不断扩张的品牌。

咖啡市场也存在严重内卷的情形。前有星巴克这种连锁品牌,后有瑞幸、Manner这样的新锐品牌,可以说竞争激烈。

新锐咖啡品牌三顿半却在这红海市场里突出重围,在快消品行业一骑绝尘。它是怎么做到的?答案是打造出自己的差异化优势。

传统的咖啡厅打造了一个舒适的"咖啡空间",但客户在享受品质绝佳的咖啡的同时要花费一定的时间成本;而速溶咖啡又存在烘焙、研磨耗时不足,以及风味和口感不佳的问题。

三顿半结合了速溶咖啡和传统咖啡厅的优点,为用户打造出了风味俱佳的"精品速溶咖啡"。

精品速溶咖啡的创新点在于,采取了低温慢速萃取技术,能在苏打、茶饮、牛奶等各类液体中均实现"三秒速溶",同时最大限度地保留原有咖啡的口感。

在三顿半公司内部,有名为"专项专组"的特定研发团队,专门结合数字化对产品做相应的创新。比如,他们会推出挂耳咖啡、冷萃咖啡液和冻干咖啡粉等多系列概念性产品,包装上会采用可爱的迷你杯装结构,外观包含黑灰色、亮黄色、浅红色等多种颜色。

在小红书平台上搜索"三顿半",你会发现搜索结果中占比最多的就是网友的 DIY 心得帖。他们用这些可爱的杯子去做盆栽等。这种方式在无形当中增强了用户与品牌的情感连接,自然而然也产生了品牌超强的复购率。

三顿半的创新玩法被市场反复印证以后,同行们也纷纷效仿。但这依旧未能阻挡消费者对三顿半的热情。因为三顿半的创新的核心并不止于外包装,而是内核的技术创新。公开数据显示,截至目前,三顿半已经完成五轮融资,其中最新一轮融资是在 2021 年 6 月,融资金额高达数亿元。

所以,再强调一次,微创新要基于用户需求和痛点,做到"四两拨千斤",如图 1–3 所示。

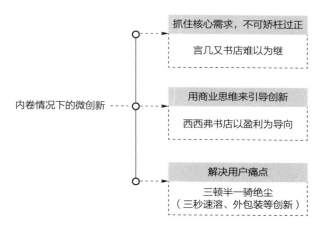

图1-3 微创新

创新虽然重要,但不能矫枉过正

今天的人们,想吃饭的时候可以选择创建外卖订单,不到30分钟就有人送货上门;想与外界沟通、工作的时候,可以直接打开腾讯会议或钉钉视频连线;在外游玩也不用担心自己迷路,随处都有地图导航语音提示;哪怕身处国外,也有翻译软件能让你与当地人保持良好的沟通。这背后的所有便利,都来自商业上的创新——抓住了用户的核心需求。

但需要注意的是,创新虽好,一定不能矫枉过正。

前不久，有关网红书店言几又的新闻传出。作为昔日网红书店的代表，言几又曾因网红书店+文化咖啡厅+生活馆等创新式打法获得多轮资本加持，并在资本的助推下不断扩张。直到2019年开始，因外部环境等原因，言几又开始逐步走到了破产的边缘。

事实上，网红书店+文化咖啡厅+生活馆这样的模式，在创新初期是非常有优势的。因为早期商场会给入驻的新店租金优惠，并且网红书店自带流量，能够覆盖自身的经营成本。但问题在于，言几又迈的步子太大了，它在设计等其他非必需方面投入过多，最终导致目前的结局。

我去过包括言几又在内的几家网红书店，最直观的感觉是店铺面积大，人工成本高，装修风格光鲜亮丽。诚然，这种地方是非常适合当代年轻人网络打卡的，但是网红书店忘了，生意的本质还是要盈利。

在网红书店的收入结构中，一般书籍销售会占据一半左右的比例，其他的则是多元化的消费。但书籍销售的利润率很低，只能薄利多销，抑或是作为一种引流的方式；此外，多元化消费也需要更多流量作为支撑。所以，网红书店的核心问题在于，其无法持续性地低成本获得这种流量。

言几又等网红书店之所以暴雷,原因就在于创新过度。一家创业型公司不可能面面俱到,既保留文化属性,又保留装修格调,还要不停地扩大门面,这是一笔很难算的账。

当然,不是所有网红书店都如此。比如,西西弗书店于 2018 年新开 83 家门店,2020 年新开 34 家门店。在保持盈利和扩张的同时,西西弗书店也没有借助过太多外界资本的力量。这在一众同行中都非常罕见。

因为西西弗书店初创时的思路就非常清晰。第一,书店面积并不大,由此带来的坪效比较高;第二,在场人员也不多,最多三四个人;第三,在选品方面,西西弗书店也会选择目前市面上大家都感兴趣的书籍,摆放在最显眼的位置。

简单来说,西西弗书店做的并不是专业读者的生意,而是那些来商场闲逛的人群的生意。

这类人群通常是中产人群。所以,西西弗书店的外观具有辨识度——英伦风装修、复古橱窗等,营造了一种安静而独特的氛围。但需要注意的是,这些装修和其他网红书店相比,比较低调。另外,针对商场人群,西西弗书店为他们提供了有一定消费门槛的矢量咖啡厅用来工作或社交。

大众化的阅读体验，商场的导流方式，接地气的消费场景，简单总结，西西弗书店是在用商业的思维做书店。这也是他们能够维持盈利的根本原因。

创新不是坏事，但绝对不能矫枉过正。商业公司一定要在力所能及的范围内创新，而不是盲目地揠苗助长。

总体而言，不管是从零到一的创新，还是基于现有商业模式的微创新，最终都是为了解决用户需求，从而创造社会层面的价值。正如经营企业一般，创新从来都不是被动的选择，而是企业发展的一条必经之路。

对于公司而言，创新不单单是一种生于忧患，防止自己落入俗套的保护性机制，更是一场避免死于安乐，刀刃向内的自我革命。

多维度思考才能有商业洞察

纵观古今中外,我发现成功的企业家多数都有这个共同特质,就是他们懂得底层思维,很快就能看清事物的本质。这种底层思维的练就,往往与早年丰富甚至坎坷的经历相关。

如今的黑石集团的创始人苏世民,在接受外部采访时表示:"成功绝非易事,一路走来,我遇到了许多艰难险阻、挫折坎坷。"

之所以会说出这样的话,与他的背景不无关系。苏世民出生于犹太家庭,从小饱受冷眼,别人还在学习的年纪,他就开始打工赚钱,学的是文化和行为专业,毕业后从事过销售工作,还做过咨询、中介、证券等业务。兜兜转转,他终于成就了今日的黑石集团——旗下拥有全球47家顶尖公司,横跨私募基金、商业银行、房地产、企业债务管理、生命科学等多个领域。从高端到接地气的各类职业,看似毫无关联,实则紧密相关。

每个创业者心里都住着一个鲁滨逊

"成功的花,人们只惊羡她现时的明艳。"成功的人背后都饱含千辛万苦。2009 年成立山屿海之前,我卖过剃须刀,做过房地产营销,写过广告文案策划。最难熬或者说最痛苦的一段经历,应该是 2008 年海南岛第二次创业的时候。

当时家底基本已空,去海南岛找了很多地方,但凡在风景优美、树影婆娑的地方搞开发动辄都要几百万甚至上千万。作为二次创业的我,只能以小博大,选择距离博鳌海边 4.5 千米的琼海市嘉积镇山辉村——一个 36 亩(1 亩 = 666.7 平方米)面积的荒地,种了几百株槟榔⊖,开始了艰难的创业之旅。

我要自己开垦土地种槟榔,要在恶劣环境中与各种不确定因素做斗争……还不一定能看到创业成功。那种感觉就像是鲁滨逊被流放到了荒岛,只能一步步搭建起自己的王国。忍耐、等待,只为了最终可能的那一丝丝曙光。

⊖ 文中所涉及有关槟榔的内容,仅客观反映作者的创业历程,特此申明。

第一章
商业是一场伟大的冒险

白手起家"三宗苦",现在回忆起来还恍如昨日。

一苦是当时租沙坡地种槟榔。沙坡地不蓄水,槟榔长不大。后面鸡场的人跟我说,要买鸡粪作为养料。我就去了。因为每天跟鸡粪打交道,手上都感染了真菌。

二苦是当时睡在我们搭建的工棚里。两个大学生睡在高低铺,我睡在一张垃圾堆里捡来的床上,床上还有霉味。当时的环境能有多糟糕?睡时与老鼠同眠,醒来以后要去看管槟榔园,还要小心野兽来捣乱。

三苦是为了节约成本,衣食住行都是最差的。印象很深的是有次为了省钱而选择坐公共汽车,遇到一个彪悍的女人,说她们承包了这辆公共汽车,叫我给一个大爷让座。我那天身体状况不好,问她我能不能稍坐一下,但她不依不饶。

在无数个不眠的深夜里,我复盘自己这么努力,何以沦落至此。主要还是因为,过去几次创业的过程中没有做到坚持,每次稍微有些成就的时候就沾沾自喜。我再看看身上破旧的衣衫,想到自己也年近40岁了,顿感苍凉。于是,我下定决心,不把槟榔度假屋项目做好誓不罢休。

没有娱乐,没有阳光,只有嘲讽和打击。很多时候,创业真的就像黑暗里找光。不知道未来在哪里,何时会迎来转机，是否真的有商业机会。很多人问是不是像坐牢。坐牢至少还能管吃管喝，但当时的我，真的是"今天不知明天事"，每天都需要为了生存计较一分一厘。再对比以前做房地产开发，高楼起时座上宾，高楼落时背包客，落差巨大。

但好在自己还是有一种乐观精神。在槟榔园的时候无人陪伴，我就花15元买了个秋千，偶尔在秋千上听彭佳慧和戴佩妮的歌。戴佩妮的《街角的祝福》中有句歌词："多少个秋，多少个冬。我几乎快要被治愈好。"听到这，我就想：春去秋来，一切总会过去，未来的光景，一定会更加美好。

人在孤独的时候确实比较容易感性。当时我在三亚凤凰机场，第一次看到了余华的《许三观卖血记》：许三观的儿子因为生病得了肝炎，要去上海看病没有钱。爸爸为"假儿子"跑去卖血治病，为了卖更多的血而喝冰冷的井水差点把膀胱撑破……看完以后，我百感交集。原来这个世界上，还有这么多可怜人。

对比之下，我觉得创业再艰难，至少我还身心健康，四肢健全，可以依靠自己解决很多问题，也不需要卖血去维持生计。比上不足，比下有余。真的，快乐是比较而来的。

第一章
商业是一场伟大的冒险

"所有杀不死你的，终将使你变得更加强大。"尽管当时每天都在和槟榔、老鼠、苍蝇打交道，但我深信这些经历都是老天给我的考验，为了磨炼我的意志。所以在这个过程中，我甚至有意识地锻炼自己的身体，还学会了拳击。现在回想那段经历，反而是过去这么多年里，成长速度最快的一段时光。

商业认知从何而来？多维度碰撞

"有一种鸟儿，是关不住的，因为它的每一根羽毛都散发着自由的光辉。"往日时光，跌跌撞撞。作为一个普通人，能够走到今天，成为跨国集团的董事长，我内心十分感恩。不为人知的岁月里，我接触到这个真真实实的世界，了解到很多行业的规则和玩法，见识过人性的幽暗，只身走过断壁悬崖，饱受生活的折磨与挑战。现在回过头看，如果没有当年这些经历，如今我不会对很多事情看得如此透彻，做商业选择的时候也没这么杀伐决断。

比如，我为什么在房地产行业如日中天的时候选择急流勇退，即便我们山屿海在浙江安吉等地有土地资源，我的策略和态度都是以收缩为主。2012年左右，我就在思考：这个疯狂的有些不理性的行业还能火多久？其实这些思考都得益于我早在 2000 年那段时间做房地产代理时候，接触了形形色色的人和事，不同维度的碰撞使我对房地产行业尤其敏感。水低成海，人低成王。人只有经历过一些事情，才会真正对这个世界有深刻的多维度的认知。所以，我今天的很多商业认知包括判断，都不是瞬间形成的，而是需要一个积累过程。

再比如，当初我们为什么首创候鸟式旅居模式？也是因为我在海南岛时看到：只有海南岛的资源，是无法满足我们客户的度假需求的——眼光只放在海南岛，是不足够支撑公司的长期发展的。"冬到海南岛，夏到威海，春秋来浪漫的天目山"这一概念应运而生，一种模式的兴起与受到追捧，随之而来的势必是一大批模仿者来势汹汹的围剿。在这种碰撞之下，如何在守住胜利果实的基础之上遥遥领先，是每一个新型创业者的必修课。稳扎稳打加差异化的组合拳是我给出的解决方案："看得见山，望得见水，记得住乡愁"这一概念异军突起。扎根安吉、深耕鄣吴，我们每一步都走得艰难但坚定。

我们的客户年龄会增长。等他们年纪大了，还跑得动吗？新的问题又在发展中出现。怎么才能留住这群人？这群人到了这个年龄段的刚需是什么？自然的养生方式已是基本，先进的硬件、专业的技术、引进日本黑科技温热舱……客户需求推着公司发展，我们开始了大健康板块。

比如，我们在韩国和美国设有专门生产膳食补充剂的工厂；在日本冲绳，观察到琉球温热舱的市场潜力以后，潜心开发了自己的核心技术和专利，并与中科院合作，为用户群体提供了一套全方位的康养方案。客户案例就是我们最好的口碑来源。

所有的看似未雨绸缪，背后都是这 14 年以来的积淀。在正确的时间、正确的方向，用最正确的战术，打一场胜利的仗。从过去海南岛的槟榔农民，到如今涉及多个板块的成长性跨国企业掌门人，偶然背后的必然在于，这一路，我都在不停地解决问题和积累认知（见表 1-1）。

表 1-1　多维度碰撞出商业认知

战略动作	深层原因
候鸟式旅居的开启（2009 年）	房地产代理经历导致对行业的敏感性
房地产业务的收缩（2012 年）	现有资源无法满足用户需求
转型康养业务（2018 年）	客户年龄增长，要解决核心痛点

这些认知不仅有助于商业经营，在日常的员工管理中也一样适用。海南岛的这段经历让我明白，苦难时候任何人都会离你而去，弱的时候挨打也是正常的。管理员工同样如此，公司不强大就不要强行挽留员工，画着自己都不信的饼去忽悠他人，没有意义。人性经不起考验也不必去考验，自己强大了，心胸打开了，所有那些看似折磨你的问题也就都迎刃而解了。说到底还是那句话："打铁还需自身硬。"

只有多维度思考，才会产生商业价值

苏世民如果只是个很好的推销员，那他可能一辈子都是推销员。但他做过其他很多事情，也经历过很多失败和挫折，所以他对这个世界的认知是很深刻的。这也是为什么他能成为"华尔街之王"。人只有在真正经历过这个大千世界以后，才会明白这里面的深刻逻辑。

比如，我早年各种摸爬滚打的经历，让我很早就看到了乡村振兴的机遇，我们在各个地方选址的时候也会选择一些交通便利但未被开发的农村区域，如日本新潟等。我一直跟大家强调要以小博大，即便是回农村创业，也要寻找商务成本极低的地方。所以,我第二次创业选择的,是海南琼海市嘉积镇山辉村。

最重要的是找到自己的护城河。为什么第二次创业我能够成功?就是因为我自己对房地产行业非常熟悉,有很强的销售能力,能够把别人卖不掉的房子卖掉,这是我的核心资本。我很早就看到危机的来临,做酒店之外的业务拓展和转型,其实背后都是基于这么多年不同行业经验积累下来的商业认知。

很多时候,创业是"只缘身在此山中"。再富有智慧的人,也极容易被环境或立场影响而混淆判断。这里就会有一个绕不开的案例——乔布斯。这个亲手创造苹果的人被合伙人扫地出门以后,却经历了人生中最富创新的一段时期——Pixar 动画的成立和对 NEXT 的收购都是这段时期的动作。

1997 年,苹果正处于低谷,几年换了几任 CEO,仍旧挽回不了公司亏损的状况。就在这个时候,乔布斯选择回归这家他曾经亲手创建的公司。时隔十多年,他甩掉了自身的傲慢,重新推出一个又一个崭新的产品:iPod 音乐播放器、第一代苹果手机……惊艳世人。就像电影里的超人一样,他披上铠甲重新归来,拯救了这个曾经跟自己有过爱恨纠缠，同时又是自己亲手打造的公司。直至今天，小到硅谷，大到全球，人们依然热衷于讨论乔布斯的故事，认为这是一个传奇。

事实上，如果没有当初那段被赶出来的创业经历，他可能也不会拥有那么多维度的视角，姿态和性格也不会变得更为谦卑。从某种程度上来说，可能也正是那段不被理解、黯淡无光的岁月，让他对人性、商业、世界拥有了更为深刻的认知。在这样的认知之下，最终他创造出了有灵魂的、至今都依旧惊艳且感动世人的产品。

当然，不是每个创业者都能成为乔布斯。但每个创业者都可以从这些故事中汲取营养。创业过程有高有低，就像爬山，如果只是沉溺于一时的风景，可能完全看不到山外的世界。只有爬得更高更远的时候，创业者才能更立体地看到自己和这个世界，姿态会更加谦卑，思考也会更加深刻。

不是所有的生意都能称为事业

真正决定创业者之间差距的,最后还是眼光和格局。"如果你有一乡的眼光,你可以做一乡的生意;如果你有一县的眼光,你可以做一县的生意;如果你有天下的眼光,你可能做天下的生意。"

生意和事业的核心差距在于:有人只能看到一点,有人能够通览全局。那些只能看到当下和小范围利益的人,往往很难坚持完成一份长久的事业。生意可以"打一枪换一炮",但事业不同,高低起伏,内外压力,对创始人的要求极高。

生意以利益至上,事业可以牺牲小利

不是所有生意都可以被称为事业。比如,制造业的老板每天需要思考的无非就是每单多少钱,多少人买单,今天亏损还是盈余。如果因偶然因素,工厂开不下去了,那么这个老板的惯性思维可能是另寻其他赚钱路径。

这就是生意人的典型思维模式——利益至上，并且只看短期利益。以前我认识一个创业者，共享单车最火的时候他草草入局，后来将股票卖出套现，转而投入人工智能赛道。当他志得意满在我面前描绘未来商业蓝图的时候，我真的以为他会在人工智能这条路上深耕下去。但是不到几个月，区块链行情暴涨，他告诉我自己决定放弃人工智能，投身区块链。在对市场没有清晰判断，仅凭外界消息就匆忙创业的情况下，他最终在区块链赛道亏损严重，甚至亏光了当时从共享单车项目赚到的钱。

在商业世界，为了短期利益而不择手段的案例不胜枚举。这样的人也许能够获得一时的利益，却很难获取长久的收益，包括社会声望。

真正做事业的人，懂得放弃诱惑。"有所为，有所不为。"因为他们的根本目的不是为了赚钱，而是真的想要通过创造的方式做一些事情，"顺便赚钱"。按照德鲁克的说法，"创造价值是真实的，利润不过是结果"。

我父亲是退休以后得了阿尔茨海默病的，那时每年冬天我都会陪他去海南岛度假。冬天的海南岛气候温和，同时自然风景又好，能在一定程度上帮他缓解症状。阿尔茨海默病不可逆，没有特效药，所以当得知父亲的患病消息后，我能做的就是让他享受能力范围内最好的条件，开心地度过晚年生活。这也是我创立山屿海的初心：让天下老年人可以"老有所依，老有所乐"。

对我而言，山屿海是一份事业，而不仅仅只是生意，如图1-4所示。所以当时为了研究老年人的核心需求，我还专门去过一趟日本，去借鉴"过来人"的成熟经验。日本是世界上老龄化非常严重的国家，但是他们在康养服务的配套上却没有因人多而降低标准。在日本的养老院，每位老人都会佩戴一个定位仪，遇到危险只要一按按钮，服务人员就会立刻赶到。养老院的书桌上也会有方便操作的血压测量设备，数据会及时地传送到医生那端，方便护理人员根据数据为老人提供便捷服务。虽然这一套模式和设备及后期需要投入的服务成本很高，但我仍然坚持在公司引入，以此来提升山屿海的服务品质。与之共同引入的，还有一些先进的看护经验，包括康养模式，这些都是被生意人称为"不赚钱"的项目，而我却认为是值得的。今天中国的人口老龄化趋势明显，但是我们的养老院不仅陈设简单，环境也不理想，根本不能解决老年人的痛点、给儿女一份安心。我还是希望能够真正让老年人在体验康养服务的同时，治疗未病，老有所乐，安享晚年。

从山东威海，到浙江安吉，我们慢慢地将养老业务拓展到全国各个领域。2021年12月，山屿海还专门成立了"忘不了"公益健康训练营，针对阿尔茨海默病，为老年人免费检测、个性化定制方案；由专业营养师、健管师、理疗师、医师等组成的专业服务团队来帮助客户养成更健康的生活方式。这些其实也是为了弥补我当年的遗憾。那时候生活品质没有这么高，除了带父亲去海南岛和给他多一些陪伴之外，这些科学的干预手段在当时都是没有的。

事业需要长期的付出和耕耘。即使很长一段时间不被理解，或者需要承受来自各方面的压力，但如果初心不改，坚守事业，你就不会轻易被诱惑所动摇。

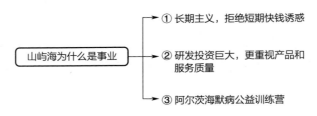

图 1-4　山屿海被称为事业的原因

事业的本质是延迟性满足

在国外，像东芝、三菱重工、宝洁、IBM 这样可以做到百年的企业比比皆是。但是在现今的中国，能够活过三年的公司都不超过5%。这背后究竟是什么原因造成的？

一方面是国内在商业化的起步上确实相对较晚，另一方面是过去几十年我们国家的经济发展速度太快，人们在这个过程中变得浮躁，没办法守住初心。所以才会出现"蒙眼狂奔"等一系列现象。

以近几年新消费行业里面倒闭的很多茶饮店为例：扩张路径都很相似，通过改变外部的包装设计，并投入很多的品牌广告，在很短的时间内，达到较高的门店数量。但这套商业模式的核心问题在于，缺乏关键性技术，并且同质化严重。企业没有商业护城河，最后很容易死于激烈的商业竞争，比如价格战。今天你走在路上，观察身边的很多茶饮店铺，可能一年前都门庭若市，现在却都空荡荡地等着转让。

早年确实是有很多商人擅长通过营销的方式抓住用户眼球并进行收割。此前这套策略确实成功过，于是他们选择了路径依赖。但现在时代已经发生了明显的变化，今天的信息变得更加透明，依靠信息差赚钱不再容易，打广告的方式也不再稀缺，用户也变得更为聪明。如果没有产品或渠道优势，仅仅依赖营销的方式去扩张，整套商业模式是难以为继的。

我一直强调,做生意一定要回归本质,产品力和销售力是基础,此外才有品牌的话语权。这也是我们公司很长时间都不投入大量资金在品牌和营销层面的原因。为什么一些公司会被外界认为是在收割智商税?核心原因还是产品力不足。产品力如果是1,品牌力就是后面的0。先有产品力,再有品牌力。这是一家公司在发展过程中的逻辑问题。

那些试图通过营销方式来扩大商业版图的公司之所以会失败,核心在于它们没有耐心去打磨产品。我们深知赚钱没有那么容易,所以之前为了做康养业务,专门成立了几百人的研发团队,投入了众多资金去研究核心技术。因为只有拥有了核心技术,在市场当中才能真正拥有自己的话语权。

复制别人的模式是容易的,成为和坚持自己却很难。但只要坚持下去,你才能真正构建出自己的商业护城河。所以做事业的人,一定要有极其强的耐心和耐力——能耐得住寂寞去打磨产品,能坚持住初心拒绝短期利益。事业的本质就是延迟性满足。只有忍受当下赚不了快钱的痛苦,才有可能获得长期的满足。前者是多巴胺带来的一时快感,后者是长期沉浸而带来的内啡肽快乐。

"爱出者爱返，福往者福来。"为什么我们能在康养这条道路上坚持这么久？因为在这个过程中，我看到了老年人生存的困境。为人子女，我感同身受，并且希望能够尽自己的力量为这一群体带来生存的尊严和生活的美好。

山屿海深耕康养 14 年，用心对待每一位客户，就像当年我对待我父亲一样。山屿海一直以来也没有钻营如何打广告，所以我在 2020 年被央视新闻联播报道，以及被评选为"2020 风云浙商"的时候，确实有些受宠若惊。因为"风云浙商"的评选标准一般是百亿以上的企业掌门人，以山屿海目前的体量，还未能达到。我能够获奖，理由是：在外界眼里，山屿海是在做一件长期对社会有价值的事业，而非生意。

真正产生社会价值的才叫事业

"不积跬步无以至千里。"作为一家还在成长中的公司，我并不在乎当下能否赚很多的钱，只在乎未来我们能否持久健康地赚钱。2020 年，在整个旅游行业都举步维艰、停业怠工的情况下，山屿海通过直播、发力短途旅游等各种方式，实现企业逆势增长 30%。此外，我们还专门花了六个月时间去申请公益基金,迄今为止,已经举办了十几期针对阿尔茨海默病的健康训练营。

有位退下来的民政学院的老领导在老年行业峰会上说:"其他公司做的是康养产业,山屿海做的是康养事业。"这句话让我颇为感动,就像高山流水遇知音一样。虽然山屿海今天还只是一家几十亿规模的公司,但我信心满满。相信未来的山屿海能够成为更有商业和社会价值的公司。因为我们始终走在正确的道路上,"日拱一卒,功不唐捐",时间是我们最好的朋友。

历史上所有伟大的商业公司,都是怀着热爱与利他的初心,才最终成长为参天大树。今天家喻户晓的迪士尼创始人华特·迪士尼在成立公司以前,也曾多次经历失败和破产,但他从未主动放弃过自己的梦想。

童年的华特其实生活得并不开心,因为家境不好,想要的礼物从来都很难得到,也正是这样的经历,让他长大以后想要成为一个温暖他人的人。他希望能够给孩子们带来一个快乐的童年。

早期创业失败以后,他在好莱坞成立了迪士尼企业。并与合伙人一起创建了"幸运兔子奥斯华"形象。只是

第一章
商业是一场伟大的冒险

在最终签合同的时候，遭遇了发行人查尔斯·明茨的打压，被收回版权，华特·迪士尼又一次受到了事业上的打击。不过他并没有因此一蹶不振。此后的华特·迪士尼又凭借自己的满腔热情，创造出"米老鼠"这一经典荧幕形象。1928年年底，米老鼠首次亮相荧屏之时，惊艳了当时在场的所有观众。此后这只可爱的米老鼠也一夜之间成为家喻户晓的品牌。

华特·迪士尼仿佛是个天生的创造者。之后他又陆续生产出《白雪公主》《木偶奇遇记》等一系列影视动画作品，至今仍为人所津津乐道。到了1954年，华特不再满足于此，开始想要建造一座儿童乐园，一个能"让一家老小都享受快乐时光的地方"。在这里，人们可以跟自己喜欢的动画人物合影，宛如身处童话世界。这正是迪士尼乐园的由来。

"全世界都在催你长大，只有迪士尼守护你的童心。"今天，无论是全球哪个角落，我们都能看到人们在迪士尼乐园里的快乐合影，小孩和大人们在这里享受家庭的温暖。华特·迪士尼生前虽然没有得到家庭的快乐，但是去世半个多世纪的他，却用自己的梦想照亮了整个世界。人们沉迷于他的童话，沉迷于他的乐园，他为人们缔造了一个快乐王国。华特·迪士尼始终在用热情和创造力缔造他的商业世界。可能他从未想过会赚到如此多的钱,因为他把自己一生的时间都用于追求梦想——给他人带去快乐。但他没想到自己无意间缔造出了这样一个庞大的商业帝国。

企业家创业的过程或许起起伏伏、九死一生,但只要始终能够守住初心,终得云开月明之时。一个人在世上身价几何并不值得炫耀,几百年以后,依然还有人记得他所留下过的痕迹,以及对世界的贡献,那才是更为高级的赞赏。

# 第二章

反求诸己,我是一切的根源

反求诸己,自我取悦

创业二十多年以后,我发觉这条道路上最大的障碍往往不是来自对手,而是自己。所谓借假修真,借的是创业这条路,修的是自身心性。

人们总是习惯在成功的时候将原因归结于自己,在失败的时候将原因责怪于外界。但人们不知道,成功与失败都有太多偶然性因素。并且这种思维最具破坏性的地方在于,它无法让人得到根本性的成长。

自我,才是一切的根源。心中有光,看世界都是一片祥和;心中荒芜,看世界都是杂草丛生。

解决焦虑的核心是自己更加强大

当下,焦虑仿佛成了一股时代洪流,在媒体报道等各个层面屡见不鲜。创业者也好,年轻人也罢,时常向我请教如何解决焦虑的问题。

第二章
反求诸己,我是一切的根源

其实答案并没有想象中复杂,焦虑的核心是不知道问题的根源在哪里。对于当下大多数年轻人而言,他们之所以陷入情绪的旋涡,做着与目标无关的事情,是因为他们在逃避内在自我。不敢找到问题的根源,也不相信凭借自己的努力可以真正解决问题,改变处境。

对于创业者而言,如果深陷情绪泥沼,是无法客观看待所有情况,从而找到解决之道的。但如果创业者能够抽离出来,把最根源的问题想清楚,答案往往很简单。

山屿海当年为了品牌建设,在宁夏银川买了个足球队。三年时间共投入了 8500 万元。但第二年的时候,我陷入了一种犹豫和迷茫的状态。一是质疑这件事情是否真的能够提升品牌溢价,二是虽然那时做足球队的企业非常多,也是一股潮流,但对于当时的我而言,这个选择是否真的合适还是未知数。

后面我深入分析:企业做足球队这件事情,更多是打出了名声,而非品牌溢价。对于用户而言,他们只是知道了"山屿海"这个名字,但是他们并不会转化为山屿海的忠实用户,而品牌本身也无法依靠足球队活动来获得更多的市场议价权。

在正确的时间节点，做最正确的事情。对于一家初创企业而言，这件事情当下并不值得我们继续投入，这才是我焦虑的核心。于是我很快取消了在足球队上的投资（见图2-1），而将重心和资金转移到了康养业务的技术研发之上，从而打造出了山屿海的护城河，问题迎刃而解。如果当时一意孤行，那真的是泥牛入海。

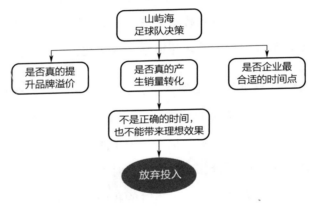

图2-1　山屿海足球队决策

2013—2016年是山屿海创业的中期，也是我焦虑情绪相对严重的一个阶段。当时公司发展小有成就，尤其是销售部门业绩突出，于是就出现了被人挖墙脚的现象。外界以3倍的价格来挖人，挖掉了我公司五分之一以上员工。最严重的时候，每月都有中层管理人员离职，让当时的我深陷痛苦中。

第二章
反求诸己,我是一切的根源

焦虑症状最严重的时候,我在飞机上满头大汗,经常莫名其妙地想要发火。从那以后,坐飞机我都会让助理给我买两个位置,生怕自己忍不住想要和其他人产生争执。

当时的公司还在成长期,遇到的挑战不只人员层面,还有技术、商业模式等各个层面。但这种情绪又不能传递给下属,我只能自我消化和排解。在身体层面,我只能通过不断的运动去缓解压力;在心理层面,我一直在思考如何才能从根源上解决这一问题。

终于有一天,通过换位思考,我想清楚了这件事情的核心逻辑。把自己放在一名销售人员的角度上,我最想要的是什么?是企业愿景与未来吗?显然不是,我想要的无非是通过公司的平台来赚取金钱和获得社会认同感。如此一来,我就很容易理解为什么山屿海的销售人员会被人挖走:一方面确实是别人的薪资更高,另一方面也是因为自己的公司暂时还不够强大。

痛定思痛,我选择直面创伤,立即着手于留住优秀人才。比如,我利用标杆效应,对优秀的员工进行直接的现金奖励。与此同时,我大力发展公司业务,提升平台价值,经过不懈奋斗,公司于 2015 年在新三板上市,不但将自身的估值做大,也提升了品牌影响力,让更多人愿意主动加入山屿海。

不断有良性循环的商业决策，让我逐渐摆脱了焦虑所带来的负面影响。事实证明，当创业者走在正确的道路，通过深度思考获得正反馈的时候，是没有时间焦虑的。所以解决焦虑的核心在于不断提升自我认知，让自己变得更加强大。

"家有梧桐树，自有凤凰来。"只有不断提升自我认知，以及在他人眼中的价值，才能真正在这个时代立于不败之地。

享受孤独，享受自律带来的快感

创业者是一个注定孤独的群体。他们即便遇到了困难和挑战，也不能告诉家人，因为家人会担心；不能告诉下属，因为下属会离职；更不能告诉股东，因为股东会撤资。

所以，创业者但凡遇到了困难，也只能自己一个人默默承受。

孤独痛不痛苦？当然痛苦。作为领导者，九九八十一

第二章
反求诸己,我是一切的根源

难当中,最难的一关其实就是忍受常人无法忍受的孤独。

在海南岛第二次创业的时候,我觉得最困难的不是面朝黄土背朝天,与鼠同眠的生活,而是无人理解,看不到未来的那种孤独感。

以前做房地产代理的时候,我身边都是酒肉朋友,被金钱和人群围绕得忘乎所以,很难真正理解商业和财富的本质,对人生也没有极其深刻的认知。

但第二次创业让我真正体会到了创业的辛酸,那种感觉如此强烈,深深印刻在我的骨子里,"不疯魔不成活"。纯粹的孤独让我清醒和深度思考。在那个阶段,我读了很多书,思想也提升了很多。

最后,我选择了和孤独和解,并享受其中。从我真正开始享受孤独的那一刻开始,我知道自己已然重生。

卡尔·荣格说,"向外看的是梦中人,向内看的是清醒者。"我想说:"当时看是孤独,事后看全是宝藏。"

2009年成立山屿海以后,我也时刻保持着这种与孤独、与自我相处的习惯。我经常晚上10点睡觉,半夜一两点突然醒来,想到关于商业逻辑或战略相关的想法,就跑去书房拿笔记本记下来。这种持续性的深度思考，让我保持着对市场高度敏锐的嗅觉，在商业决策上做到随时的动态调整。

享受孤独、享受自律是一个成熟商人在动荡的商业世界最应该具备的素质。在今天这个噪声和干扰不绝于耳的时代，如果创业者自己不能独立思考，凡事依赖外部做参谋，很难做出清晰判断，随时都会面临被淘汰的命运。

按照马斯洛的五层次需求理论，人的需求从低到高是生存需求、安全需求、归属和爱的需求、尊重需求和自我实现需求。创业者最在意的是金字塔顶端的自我实现需求，那么为了这一需求，很多时候就必须舍弃一些无关的欲望。

自律和孤独本质上都是降低自身欲望的一种表现。自律使人自由。

自我是一切的根源，凡事反求诸己

没人天生喜欢自律。

七宗罪里讲，人有七种罪行：傲慢、嫉妒、暴怒、懒

第二章
反求诸己，我是一切的根源

惰、贪婪、暴食和色欲，这是埋藏在人性深处的欲望和天性。但如果只是纯粹地沉溺其中，如蜉蝣之虫，朝生夕死，那么人和动物又有什么本质区别呢？

舍弃欲望一开始可能很痛苦，但是长期坚持以后反而会获得更高级的满足感。这也是我反复强调的多巴胺和内啡肽的区别。前者的来源比如可乐、香烟，更注重及时享乐，但会出现边际效用递减的情况。而后者则是身体内的补偿机制，相比多巴胺所带来的一系列成瘾习惯，更能让人感受到镇定和平静的快乐。比如运动，刚开始可能很痛苦，坚持很长时间就能分泌出内啡肽。内啡肽对于创业者而言是很有帮助的，它能让人保持思路清晰，做出更为高效准确的决策。

为什么创业者会选择创业，或者为什么他们要如此"虐"自己，大概率都是因为承受过非常深刻的痛苦，痛定思痛以后，理解了自律的重要性，明白了自我才是一切的根源，才会开始反求诸己。

"反求诸己"这一课，在我很小的时候，就被生活教会了。

我的父亲是山区学校的校长，但我小学和初中的成绩却不出众。初三的时候，因为成绩太差连普通高中都没考上。那时候的大背景是：初中升学的首选是中专，其次是重点高中，然后是普通高中和农校。

很快我就收到了来自农校的录取通知书，上面写着8月31日报名当天，被录取的学生要带上衬衫、球鞋、锄头等装备。看到通知书的内容，我非常的沮丧，作为校长家的孩子，读书不能给家里人添光就算了，反而成为一个笑话。别的小孩开学读书都背着书包，我开学读书却是拿着锄头。想到这里，我仿佛看到录取通知书上的每一个字都是挥着手臂向我挑衅的小人，嘲笑我的无能。

贪玩但好强的我没有接受农校的就读机会，而是选择了初中复读班。初中升高中就复读也不是常见的事情，尤其是在乡下那种环境，周围人都是戴着有色眼镜来看我的。

委屈多了，痛苦够了，自然忍不住想要改变。

读复习班的时侯，我寻觅到一个好伙伴——复读班校长的儿子。我的数学不好，他语文不好，两个人一拍即合商讨出一个办法：白天两个人坐在一起，晚上两个人住在一起，互通有无。就这样从9月到次年1月，努力了4个

第二章
反求诸己,我是一切的根源

多月的时间,再次参加湖州当地万人模拟考的时候,我破天荒地拿到了全市第一的成绩,中考时考取了当地的重点高中。

这一课教会我:不想改变是因为痛苦不够,痛则思变。"自我"没有醒悟,外界再大的施压也是不痛不痒的。不但境随心转,世界也是随着心在转。自家员工被挖离开公司的时候,感受到的是屈辱和愤怒。但是当我改变了自己,理解了世界以后,发现自我才是一切的根源。拥有了这种思维方式以后,我看待事物的眼光也发生了根本性的转变。

反求诸己,人生由我。

马斯克的母亲梅耶·马斯克,31岁时成为破产的单身母亲。即便如此,她也在不断开拓事业,60多岁的时候重返模特舞台。如今已超过古稀之年的她,仍积极活跃于大众视野,除了模特以外,还拥有企业家、营养师、演说家等多重身份。

梅耶·马斯克并不是一个天生幸福的人,也遭遇了爱情的坎坷、事业的不顺,但她每次都能重新来过。无论身处怎样的境地,她都牢记早年父亲对她的教育:"没有什么是霍尔德曼家的人做不到的!"

这种价值观也延续到了她对自己孩子的教育上——"与其因为放弃工作而怨天尤人,还不如让孩子们看到可以拥有怎样的乐观向上的生活态度。"

正是因为这种家庭教育,埃隆·马斯克从当初无人问津的硅谷小子一跃成为现在的全球首富。在创立特斯拉和 SpaceX 的过程中,他曾无数次处于公司濒临破产和精神崩溃的边缘,被媒体和外界嘲笑、讽刺。但他始终对新能源行业的未来保持乐观,扎根新能源行业。经过 20 年才终跨过藩篱,来到枝繁叶茂之地,拥有了今天的鲜花和掌声。

创业者的内驱力能有多强,取决于他有多么想要这件事情成功,以及他是否足够相信自己和未来。在面临火箭发射失败的情形时,他自我归因,不断总结,最终归纳出一套可执行的解决方案,并最终将火箭发射成功。

马斯克在两家公司的所有创新思考,都源自他所推崇的"第一性原理"。

第一性原理的核心奥秘在于,你在任何问题上停滞不前的时候,应该像物理学一样,从事物的源头寻找解决方法。

第二章
反求诸己,我是一切的根源

延伸到创业者的个人成长,其实也是同样的道理。所有外在问题的根源,都有一个内在的源头。

"人生由我"的本质含义是,外在世界只是表象,是一个人内在状态的投影。

改革开放短短几十年间,国内经济迅猛发展,背后诞生了一批又一批创业富豪。纵观所有成功的商业人士,无一不是自我驱动力极强之人。在不断面临外界的挑战和不确定性时,我们能够存活至今的方式就是不断地迭代和提升自我。

创业之路遍布泥泞,荆棘丛生,倘若一家企业创始人的内心不够坚定,怎能给员工足够的安全感和信心,又怎能应对外界的风风雨雨?

所谓的领袖气质,不只是一意孤行的勇气,还要有反求诸己的能力。

我即生活和道路,我是一切的根源。

宁要错误的乐观，
也不要正确的悲观

可能又有人在说，2022年可能是过去十年里最差的一年，但会是未来十年里最好的一年。结合当下背景，我们可以感受到大多数人在面对不确定环境时，对于未来的悲观态度。

尽管近几年发生了诸多黑天鹅事件，但真正优秀的创业者和投资者依然保持着前进的步伐。北京刚解封的时候，就有一级市场的投资人开始在各个城市辗转看项目，线下零售和餐饮虽然死了一批又一批，依然有人前赴后继去做这门生意。

在抖音上，人们如火如荼地打造着个人IP。我本人也依然保持着每天见人学习和交流的习惯。不管多忙，我都会定时在抖音直播输出观点。很多人问我为什么能在管理公司的同时还去做抖音。我想说时间是挤出来的，我只会把精力投入在我认为有价值的事情上，不会让自己"瞎忙"。

第二章
反求诸己,我是一切的根源

"这是最好的时代,也是最坏的时代。"今天,投资、消费、出口这三驾马车都出现了一定的阻碍,看似是最坏的时代,但与此同时,伴随着社会的发展,越来越多新鲜的思想、理念和创新已经能够为人们所接受。就像抖音上,总是会有素人突然爆火。那么从这个角度来说,我认为今天又是最好的时代。社会在进步,我们创业者就像是人群中骑马而过的猎手,只要细心观察,总是能够敏锐地捕捉到那些社会的痛点,并且借此制造商机。

危机中育新机

每一次的凤凰涅槃之前,都是浴火燃烧,向死而生。

山屿海是最早开创候鸟式旅居度假模式的企业。2013年民宿兴起以后,整个酒店行业受到了一定冲击。2016年的时候,我就开始思考应对策略,最后独树一帜地开辟了膳食补充剂、温热舱等康养业务。

这是我基于危机的提前判断和未雨绸缪。也正是这次决策,我们集团在整个酒旅行业岌岌可危的情况之下,依然保持业务上的逆势增长。

所以在我看来，危机反而是转机，只要你有足够的战略眼光。历史上不乏这样的案例，如图 2-2 所示。比如，1987 年 10 月 19 日的那次股灾，当时道指暴跌 508.32 点，跌幅 22.6%。纽约证券交易所从事清算交易的很多公司都哀嚎遍野。

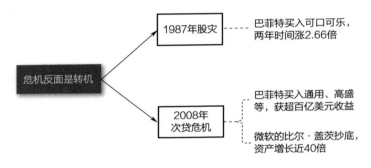

图 2-2　危机反面是转机

巴菲特却认为，这是千载难逢的捕捉优质低估股票的好机会。1987 年年底，可口可乐的股票跌到谷底。但巴菲特认为股灾迟早会过去，而这家公司的内生性价值极高，所以他开始陆续买入这家公司的股票，此后可口可乐市值上升至 37.43 亿美元，两年时间涨了 2.66 倍。巴菲特也对可口可乐一直增持，陪伴这家公司几十年光景，这笔投资为其投资生涯带来了巨大回报。

第二章
反求诸己,我是一切的根源

"别人恐惧我贪婪。"纵观历史上每一次金融危机,都有一批公司倒闭,但同时也有人因此获利。或许对于精明的猎人来说,无论何时都是最好的时机。重点在于,你有没有发现猎物的眼光,以及一击即中的能力。

2008年,美国次贷危机爆发。此次危机的影响力波及全球。市场已经完全陷入悲观情绪的时候,巴菲特却在《纽约时报》发表了一篇名为《我在买入美国》的文章。通用电器、高盛、比亚迪、美联银行……各行各业,巴菲特根据自己对于公司的认知,依然稳扎稳打地购入了自己认为值得投资的股票。半年以后,美股触底反弹,迎来牛市。

事实上很多独具眼光的人,往往在危机来临之前就已经有预感了。瑞·达利欧在2008年次贷危机之前,就已经通过桥水的"萧条测量仪"预测到了这一风险,并巧妙地渡过了危机。微软创始人比尔·盖茨在2008年金融危机前两个月,就宣布卸任董事长一职。这一操作可以使其卖掉微软股份,在股市低迷期抄底,结果就是资产增加了近40倍。

保持乐观才能让你更坚定

第二次创业，我给家里留了两年的生活费，拿着不到30万元，带着两个初出茅庐的大学生，一头扎进了海南岛的槟榔园项目。就当时而言，我是完全无法确定未来会怎样的。但我依然会每天给两个大学生打气，同时锻炼身体和保持昂扬的斗志持之以恒地开垦荒土。

即便那么困难的情况下，我还在香港花几千元注册了一个公司，叫"山屿海中国控股"。每一天，我都会给我的沙坡地蓄水、施肥，同时搭建工棚。我觉得每天只要进步一点点，就总会离终点更近一点。所以，无论外界如何打击，我始终憧憬着未来。

"悲观主义者在每个机会里看到困难。乐观主义者在每个困难里看到机会。"丘吉尔如是说道。丘吉尔是在大英帝国即将陨落时接手的政治职位。这么聪明的一个人，难道不知道当下的形势吗？那他为什么还要努力，扮演好自己首相的角色？

试想一下他当时所处的环境。第一次世界大战结束以

第二章
反求诸己,我是一切的根源

后,受内部排挤,他只能在自由党和保守党中来回穿梭;与此同时,人民反战情绪严重,他对俄国十月革命的绞杀等行为,都被人们认为是"好战分子",不受欢迎。

在这种情况下,他依然不停地发表演说,提示英国政府要小心希特勒。他坚持了十年,无比落寞的十年。那是他人生的至暗时刻。每次发表演说都会遭遇打击和嘲笑,但他依然始终坚持,不断地游走于政府和人民之间。直到1939年第二次世界大战爆发,人们才开始意识到他的远见。他临危受命,成为战时首相。在内忧外患的情况下,他依然在暗淡中寻找光明。在所有人都想要向德国希特勒求和的时候,他发表演说,鼓励民众。

就像西西弗斯一样,不停地推着石头往上走。在丘吉尔身上,我看到了一种革命的乐观主义精神。英国的衰败是注定的。但在这种衰败之间,丘吉尔用他的乐观影响了一代人。

我想说我们创业者也需要这样的革命乐观主义精神。可能你在做事情的时候,很长时间都看不到光明。但是你要相信,自己正在向光明一步一步迈进。尽管这条路走得异常孤独和辛苦,但你要深信不疑,总有一天,量变会产生质变。

就像我最近做短视频一样。前 50 条都不温不火，总共只有 10000 粉丝。结果突然有天，一条视频涨了 11 万粉丝。我深信，这是乐观和坚持的力量。

权力和财富是过客，让我们成为创业路上的乐观主义者

崔健是我很欣赏的一位摇滚歌手。他在《新长征路上的摇滚》里面唱到："听说过没见过两万五千里，有的说没的做怎知不容易，埋着头向前走寻找我自己。"他在《假行僧》里面唱到："我要从南走到北，我还要从白走到黑。我要人们都看到我，但不知道我是谁。"

他是一个有灵魂的歌手。歌词所传达的气质，更像是一种不屈不挠的乐观主义精神。他说他不要和他们不一样，他说他就要走在老路上。时至今日，再听崔健的歌，回想往日创业时光，我只觉得心潮澎湃，有一股深深的共鸣。

我在山屿海内部经常和员工们强调要快乐工作、快乐生活。也经常有很多人咨询我："为什么你能够做到那么快乐？"这一点我跟大家说过，快乐是比较而来的。如果你作为一个普通人，天天跟一些和自己很遥远的事物作比

第二章
反求诸己，我是一切的根源

较，那当然会有落差。你要去看遍这个世界的山山水水、沟沟壑壑，才会知道这个天下有多大，可怜人有多少。这个时候，你还有心情去同情自己那点小事儿吗？

有句话我觉得很有道理，叫"人不要自我感动"。很多人就是这样，还没怎么经历生活的磨难，就直接"躺平"了。现在我们生活的社会，是一个物质看似极度丰富、精神却很匮乏的时代，人们总是竞相追逐一些本不属于他们的东西，说句实话："他们活得不够深刻。"

我爷爷是清末出生的方圆百里受人爱戴的老中医，1987年去世，除了留下一些衣服和一箱子旧小人书以外，还留下了远近闻名的好口碑。因为以前他经常在给人看病时，病人有钱就收，没钱就算了。他一直跟我们家人传递一个观念：只要大家好好地活着，就是很开心的事情了。

他在78岁的时候被查出前列腺癌。一般人可能就觉得不能接受了，但是他很平和。有时候自己尿血了也会直接和我说，不觉得这是很大的事情。对于生命，他看得很透彻。早走晚走都是要走的，为什么要让自己不快乐。所以，在他80岁那年，他很平静地离开了世界。

可能是遗传了我爷爷的这种精神，我自己对于生命的看法也是比较积极乐观的。甚至我曾经跟家里人说，以后我去世了都不要存留骨灰，直接撒到我喜欢的映山红下面就好。为什么呢？因为我觉得人生就是赤条条来去，我们活的就是一个过程而已，努力是为了让世界因为你的存在而变得更好，让你在这个世界所做的事情有那么一些痕迹。仅此而已。

很多人也不理解我为什么打拳，为什么还要单独花费精力去做抖音直播。事实上，我也可以"躺平"。但我觉得，人活着还是要不断地创造价值。以往可能是在线下创造了很多的价值，现在我希望将更正确更接近本质的商业思考，传播到互联网上，影响更多的人。我觉得这是一件利他的事情，所以你说我累吗？并没有。我乐在其中。

对于创业者来说，我觉得很多时候精神能量是很重要的。因为创业者实际上是非常孤独的一个群体。当他们遇到困难或者危机的时候，他们很难求助于身边的任何人。求助于员工，员工可能会离职；求助于家人，家人可能会担忧；求助于投资人或者董事会，那就问题更多了。所以很多时候，他们都默默地扛下了所有。这就对精神能量的要求非常高。

你必须要自我鼓励，必须要在所有人都只看到黑暗的时候拿起火把去寻找光明。记得 2011 年我刚去上海的时候，业务上遇到一些瓶颈，团队开始出现质疑的声音。我就跟他们说"怕什么"，"山屿海"这么好的三个字我们都注册了，这三个字就很有价值。

作为领导者，一定要用发展和变化的眼光去观察这个世界，去挖掘这个世界的亮点。在所有人都认为环境不好的时候，你要看到其中的机遇；在所有人都提出问题的时候，你要做的是找到解决方案。指出问题是这个世界上最简单的事情，所有人都可以做。但是解决问题，甚至借此盈利，才是更难的挑战。

最后，附赠一首我很喜欢的诗歌送给正在创业的各位，《采桑子·重阳》（毛泽东）：

"人生易老天难老，岁岁重阳。今又重阳，战地黄花分外香。一年一度秋风劲，不似春光。胜似春光，寥廓江天万里霜。"

爱惜羽毛，口碑是行走江湖的利器

人要学会爱惜自己的羽毛。尤其是走南闯北、每天都在跟钱打交道的商人，会面临很多短期诱惑。但只要坚守本分和长期主义，就能构建自己真正的护城河。

对于一次失败以后就一蹶不振的人，往往当初的成功是借助风口趁势而起，此后他们却未能沉下心来经营自己的公司、积累相应的口碑；对于经历过多次失败到最后依然能够东山再起的人，暂时的失败只是表象，最终的成功是必然，根本原因在于他们的内核足够坚硬。

75岁高龄的褚时健，从监狱出来以后推出了褚橙品牌。不到一周时间，第一车20吨货就销售一空，从最开始的每天70单，一周之内快速上升到每天五六百单。我曾经去过哀牢山，也品尝过褚橙。从产品角度来说，它的口感和其他橙子差异不大。

但为什么褚橙能够卖得这么好？核心原因是褚时健在红塔卷烟厂做厂长的时候帮助了很多人，建立了自己很好的口碑，支撑了褚橙的品牌溢价。搜索关键词"褚橙"

会发现,"励志""东山再起"是反复为大众所提及的两个词。人们在购买褚橙时,不仅仅是在为橙子买单,更多的是在为褚时健的创业精神买单。

口碑是商人的护城河

口碑是商人行走江湖的利刃,平时深藏不露,关键时候却能带来意想不到的效果。记得当年我在义乌和朋友一起卖楼盘的时候,开发商承诺楼盘卖掉以后就给我们打款20万元。当时开发商也没有提出后续招揽更多客户的需求,但事后开发商反悔,以后续可能招揽不了更多客户为理由,强行要求我们退款。

正常情况下,我们作为房产代理方,在收到了款项的情况下,其实是可以选择不退款的。但对于开发商的担忧,我也能够表示理解。为了长期合作,表示诚意,第二天,我就直接把20万元原封不动地打回了对方账户。无心插柳柳成荫。没想到简简单单的这一举动,使得后来整个长三角房地产市场都知道了我的名字——"义乌小熊"。

当时房地产的圈子里鱼龙混杂,我可能是为数不多具有个人品牌的代理商。一个人，一个包，行走义乌的人们都知道，只要和"义乌小熊"做生意，肯定不会被拖欠佣金。就这样，我积累了一定的品牌和客户资源。所以后续即使离开了义乌，也有非常多的客户主动来沟通合作，生意越做越顺利。

直到我第二次创业，只带了36万元现金来到海南琼海开发槟榔园度假屋项目，每天过着面朝黄土背朝天的生活。对比之下，一个人的开疆拓土还是比较辛苦的。

好在有此前的口碑和人脉积累。早期在度假屋项目只有一张效果图时，就有近20家房地产代理商找到我，极力表示想做我的代理。而在距离我4千米的博鳌海边，北京开发商的精装修楼盘每平方米4000元，却无人问津。我后来思考原因，这些房地产代理商在做交易的时候，也更愿意遵从自己的内心，或者说，口碑和人品摆在那里，他们更愿意做出相对低风险的抉择。

"人无信不立，政无信不威，商无信不富。"做生意赚钱确实重要，但心安更加重要。山屿海今天虽然只是一家规模几十亿的公司，但一直都在致力于解决痛点，从而更好地服务客户和社会。比如，我们成立的"浙江山屿海忘不了"公益基金会,专门针对老年人阿尔茨海默病的检测与早期干预。该基金会从2021年开始为老人提供免费的健康训练营活动,通过每期7~21天的体脑激活与团体活动,帮助老年人在记忆力、人际关系、自信心、睡眠质量、幸福感等多个维度进行改善。迄今为止已经举办了20期,服务了近千名阿尔茨海默病早期症状的病人。这套国内首创的康养模式获得了老年人的一致认可,在浙江安吉山屿海康养中心入口的寄愿墙上,"快乐""健康""感谢"是出现频率极高的词汇(如图2-3所示)。

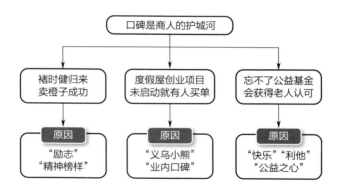

图2-3 口碑是商人的护城河案例

这么多年闯荡商业江湖,别人常常说我身上有股侠气,是"义行天下"的商人。这大概和我儿时接受的家庭教育有很大关系。以前父亲在山区学校当校长,逢年过节遇到有人送礼，他都会记得回礼。我爷爷退休以后给人看病，遇到家庭情况不好的病人，也经常不收费。他们在无形中给我传递了一个观念：人生在世，快乐简单就好，多为世界付出，个人的存在才有价值和意义。

口碑是商业世界的稀缺产物

口碑既是商业世界的护城河，也是稀缺产物。

在电动车浪潮席卷中国的时候，创业者们纷纷为找钱而奔忙，而离开汽车之家孤身一人的李想，却没有这一困扰。当他决定再度创业的时候，包括经纬中国、蓝驰创投等一线资本纷纷主动向他伸出了橄榄枝。

作为理想汽车早期的投资人之一，梅花基金创始合伙人吴世春在谈及自己的投资逻辑时表示，早期投资除了赛道以外，更多还是看创始人和团队的心性。李想在他眼里是个很"靠谱"的创业者。所以，他们当时只匆匆见了一面，就很快确立了这轮投资。

如何理解投资人心目中的"靠谱"？首先，李想是一个先后创业成功两次的人，第一次是2000年的泡泡网，

第二章
反求诸己，我是一切的根源

第二次是2005年上线的汽车之家，如今后者是全球访问量很大的汽车垂直类网站。

蓝驰创投管理合伙人朱天宇在谈及为什么投资李想时，除其个人有成功经验以外，更重要的是他对行业未来的精准判断、优秀的管理能力和超高的资金使用效率。在最初创业的时候，他就已经将产品工程师、互联网、销售团队等很好地整合在了一起。

并且令投资人惊讶的是，几年以前，李想就对特斯拉做出预言，他认为未来只要Model Y、Model 3的规划提上日程，特斯拉的优势将完全碾压现有的那些主机厂商。目前来看，情况似乎也确实朝着这个方向在迈进。

2020年7月30日，理想汽车正式在美国纳斯达克交易所上市，相比国内新能源汽车第一股蔚来，当时的理想汽车只成功交付了一款理想one汽车。但即便如此，上市当天股价还是上涨43%，市值近140亿美元。仅凭一款电动汽车就支撑了百亿美元估值，在外界看来是不能理解的事情。投资人在接受媒体采访时表示，他们投资的是李想本人。

同样是造车，贾跃亭面临的却是截然不同的命运。

2021年7月,贾跃亭携FF汽车(法拉第未来)在美国纳斯达克交易所上市,上市以后却惨遭股价暴跌的命运,不受二级市场看好。截至2022年7月末,FF的股价为每股2.21美元,总市值仅剩6.68亿美元。本想依靠FF汽车"王者归来"的贾跃亭,现在遭遇了多重困境。首先是第一批FF 91量产车未能按承诺及时交付,此外财务亏损严重,第二季度财报显示净亏损增至1.42亿美元,累计亏损32亿美元。

资本市场对贾跃亭的人品和口碑产生了严重质疑。2021年年底,华尔街一家名为J Capital Research的做空机构就专门针对法拉第未来这家公司发布了一份长达28页的做空报告,报告认为,法拉第未来不过是贾跃亭为了弥补自身债务黑洞,从美国投资者那里募集资金的一种手段,其本质就是一场骗局。

而贾跃亭之所以不受资本市场或外界舆论待见的原因就在于,此前他所成立的乐视集团,包括"生态化反"等概念,套牢了一群为其梦想而买单的人们。最早乐视上市首次发行阶段,公司通过虚构业务和虚假回款等方式满足了上市发行条件;此后,乐视又通过贾跃亭的私人银行账户构建虚假资金循环,不断虚构业绩。等到"大厦崩塌"，贾跃亭本人转身头也不回地跑去了美国，留下了国内众多等着他还债的供应商、投资人。

所以，未来即便 FF 最后真的能够量产，量产以后又有多少人愿意为他继续买单？这是一个值得探讨的问题。口碑作为商业世界的稀缺产物，拥有的感觉是身披铠甲，乘风破浪；丧失以后，就成了创始人身上永远抹不掉的伤疤和软肋。

对年轻人而言：爱惜羽毛，不要短择

"所有命运馈赠的礼物，早已在暗中标好了价格。"很多人总以为自己可以通过一时的小聪明瞒天过海，但是最终，生活会给他们狠狠的一巴掌。

商人为了贪图一时的快钱，让自己整个人生都蒙上污点，是非常致命的。直播带货这一模式，本身对主播的要求、货品供应链的要求都很高，其中哪一环节出现失误，都很难带来高复购。即便短期内达到了一定复购，产品稳定性和后续服务没有跟上，也会影响长期口碑。

现在这个互联网社会，任何人的信息都可以在网上被检索到。但凡一个人做过什么有污点的事情，都是无法掩盖的。所以我常常建议年轻人，不要追求短期利益，不要以牺牲个人口碑和信用为代价去做事情。个人品牌虽然在平时看不见摸不着，但却能在关键的时候帮助我们反败为胜。"不谋全局者，不足谋一域。不谋一世者，不足谋一时。"

长期价值投资理论认为，价格短期会随着时间不断波动，但长期来讲，最后一定会均值回归，即价格会回归价值本身。做人也是一样。真正有口碑和德行的人，虽然会吃一时的小亏，但从长期来看，收获更多。对于年轻人而言，千万不要为了一时的利益而赌上自己的整个未来。

投资自己才是永远正确的投资

二十年前，我在义乌宾王路房地产交易市场闲逛的时候，看到有人在推广杭州吴山广场的写字楼，当时的价格是每平方米3800元。为什么杭州的房子会拿到义乌来卖呢？当时我敏锐地意识到，也许未来中国会有更多这样的情况出现——某些当地消化不了的房源，要到异地投资客多的地方去消化，尤其是商业、旅游度假地产。

我敏锐地发现在互联网不发达、信息不对称的情况下，异地房地产代理蕴含巨大商机。我马上招兵买马，组建房地产销售团队并由此获得了人生第一桶金。

在中国，大部分的行业是没有门槛的，所以同时我也看到了这个行业不理性和疯狂的一面：线下商城、专业市场遍地开花，每个地级市甚至县城都有商贸城、建材城、服装城。另一方面，至2020年，中国商品房已经超过4亿套，尤其是在人口2300万的上海，商品房数量超过900万套，平均2.5个人就有一套房。"居者有其屋"，房产的根本功能是居住，后期由于市场的推动，才衍生出了其金融属性。但当供求关系明显失衡，基本居住功能都已超出饱和且人口红利跟不上的时候,金融属性将不复存在。以日本为例:日本自20世纪90年代开始到现在,30年间房价都没有涨过,在新潟、长野郊区大批空心村的房子,免费送也没有人要。所以自2018年以后,我一直跟身边很多人强调,不要再去投资房地产了,房住不炒的时代已经到来。

时光飞逝,令人恍惚。今天我在思考一件事情,也是很多人经常问我的一件事情,就是在今天这样的时代,我们还怎么去做投资?我的建议是,多数投资都是一场梦而已,唯有投资自己才是永远正确的选择。

认知以外的投资都是伪投资

2016年,我一个在洛杉矶读博的小兄弟找到我,说自己正在创业,希望我能够投资。他当时做的项目是一个外卖平台,地区是在洛杉矶。我仔细分析了以后觉得,这个区域市场不够大,此外,当地文化和中国又不太一样,我们中国有这么多的外卖员,国外能有这样的效率吗?再加上盈利模式不够清晰,我果断地拒绝了这一项目。

从商这么多年,入选进入公司投委会的项目大大小小上百个，但大多数都被我否决了。几年前互联网金融很火的时候，就有人拉我参与京东金融的项目，我在里面投资了 3000 万元。后来京东金融也改成京东数科了，我没有继续参与投资。不是说这一商业模式不好，而是我觉得互联网金融这种模式依然存在着非常高的风险。

在安全可控的范围内，结合自己的"三高一低"原则（高刚需、高倍率、高复购，低成本）去做投资，是我的一贯风格。所以在投资这件事情上，我不会盲目跟风，也不会因为那些诱惑而轻易下注。因为我知道自己的底线在哪里。

商业世界，诱惑太多。前几年共享经济特别火的时候，似乎任何一个共享项目都能拿到融资。包括近几年奶茶店的火爆，也让我觉得不可思议。茶饮企业凭什么估值上百亿？背后还是资本的助推，通过市场方式获取了一定影响力。但是从传统的估值方式来说，这件事其实是很难理解的。在这些茶饮企业上市当天，开盘就破发。

我觉得今天创业者做投资，还是要用常识来作判断。在这方面，我比较欣赏既是企业家又是投资人的段永平。他其实并没有太多的投资知识，但是他有丰富的商业实战经验，以及最重要的一点——常识。

勇敢者游戏
商业是一场伟大的冒险

2000年，网易在美国上市，时值互联网泡沫股灾，股价一路下跌，甚至面临摘牌风险。此时，网易的丁磊找到了段永平，本意是想请教游戏项目的推广，没想到交流以后，段永平认为网易公司股价严重被低估，于是开始购买网易股票。再之后，故事就比较庸常了：网易凭借游戏项目起死回生，股价也一路上涨，段永平的这次投资获得了超过100倍的回报。

另一个典型的案例是投资苹果。早在2011年的时候，段永平就得出结论，苹果是一家竞争力、企业文化、财务状况等各方面指标都非常优秀的公司。也是抱着这一信念，此后他一直重仓苹果，甚至拉动自己公司内部员工投资苹果。当然这次他的眼光依然是精准的，2011年到今天，苹果股价涨了十几倍之多。

其他为人称道的投资案例还有腾讯和茅台。总体来看，他的投资风格就是回归常识。看不懂的不投，只投好公司，并且坚持长期主义。

"不赚钱的生意，多少营业额都是没用的。"

"低价是条最容易的路，也是一条最难的路。"

"时间是优秀企业的朋友，平庸企业的敌人。"

"如果你想走轻松的路，我保证，它比艰难的路更长更痛苦。"

大道至简，返璞归真。现在的商业模式，要么现金流，要么利润。前者就像人身体内的血液，后者就是人体免疫细胞。其余的模式都是伪商业。

普通人投资股票就是博弈

在我创业这么多年的时间里，我都劝诫身边的人不要炒股票和期货。原因很简单，人永远赚不到自己认知以外的钱。普通人投资股票这件事情，多数是为了找博弈快感，即便赚过快钱，也很难再用平常心去对待事业。在没有任何资本的情况下炒股，某种程度上与赌博无异。即便能赚短期的钱，长期对身体和心灵包括人的成长都是没有益处的。

2015年A股股灾。当时身边有很多人，本来依靠炒股赚了一些钱，结果亏得一干二净。最关键的问题是股灾留下的后遗症。不说破产，就我所知道的，有些人甚至因此患上了躁狂症和抑郁症。他们只要一听到某些数字或者某些词汇，就会显得特别激动。股市里高低起伏间的巨大刺激，对身心脆弱的人而言，简直就是一场灾难。他们不是专业投资者，连资产负债表都看不懂，到底拿的什么底气去炒股的呢？

境内市场和境外不同。香港证券交易所也好，纽交所也罢，这些都是有上百年历史的证券交易所。在这些地方，大部分的投资者都以机构为主，比如大名鼎鼎的黑石集团、高盛、摩根士丹利等。这些机构往往会在内部培养一群分析师，专门在全球各个领域做深入的分析和调研以后，才会去做相应的投资。

这样的专业机构，内部往往都有一套严格的操作流程。比如，黑石在做投资之前会做严格的风险预判，同时实施合作伙伴战略，跟客户建立良好的联系。比如，它与美国钢铁组建合资公司，完成盈利以后再将股权卖给加拿大国家铁路公司，同时给美国钢铁同等表决权。各家策略不同，打法不一，但是数据和结果会说话。

从本质上来说，在国内，股票交易是企业在二级市场直接融资的一个工具。过去，中国企业融资难是一个不争的现实。银行或金融机构的房贷一般也都集中于房地产行业或者那些本身有担保的企业身上。而A股的存在很明显解决了这一问题，企业通过在A股上市，可以在不承担任何利息的情况下融资，并且能够起到一定的宣传推广作用，这是核心。

第二章
反求诸己,我是一切的根源

试想一下,散户面临的是专业的机构投资者和整个不确定性的波动性市场,能够获利的当然少之又少。新闻上随处可以看到这样的案例。比如,某人跟风投资了一些二级市场的热门股票,被套牢或股票暴跌以后,承受不了刺激,直接跳楼自杀了。

这些年我见过的在股市中成功的人,无一例外都是自己本身有商业常识,或者有一定资产的人。他们大多数都是公司管理层或者在社会上有一定地位的人。而所有那些失败的人,也有非常相似的品质,就是不懂商业、情绪化、容易轻信,以及侥幸心理严重。

所以我真的不推荐普通人去炒股票,如图2-4所示。不是说股票不好,是在你无法驾驭一件事情的时候,你就很容易被这件事情驾驭。

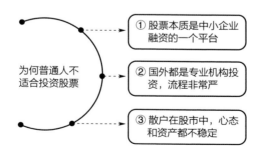

图2-4 普通人不适合投资股票的原因

要做正确的投资

我跟身边很多人都反复强调过一个观点：自己生意都做不明白的人，怎么能够指望别人帮你做好生意？这个世界上，最能对你负责任的人是谁？只有你自己。

GPLP概念在国内被炒得很疯狂的时候，我经常会这样劝说身边的人。你把钱投资给别人，指望通过别人的项目来获得回报，实际是把希望寄托在了他人身上。这既是对自己的不负责任，也会让你承受不确定性带来的巨大风险。

而且现在很多私募基金，他们会投资很多项目，打包给LP（有限合伙人）。记得那时候我的朋友投资某打包项目，说是其中有一个项目上市了，另外几个没有上市，放在一起结算，最后还是血本无归。纵观身边这么多人的经历，我觉得这种早期投资最终能够退出的概率可能都不到10%，其他都石沉大海。

所以我总说，不要做自己认知以外的投资。在你对一件事情没有把握之前，最好先学会投资自己。很多人问我

第二章
反求诸己,我是一切的根源

为什么总在抖音上滔滔不绝,能就一个话题讲那么久。其实还是因为有这么多年的商业经验在支撑。"没有金刚钻,不揽瓷器活。"投资自己,才是永远正确的投资。尤其是在当下,房地产红利已经没有了,互联网红利也消失殆尽的情况下,对于普通人包括创业者而言,我最真诚的建议就是投资自己。

什么叫投资自己?比如,提升身体素质,健身运动;提升精神世界,读书和学习。读万卷书,行万里路。身体和灵魂,总要有一个在路上,如图2-5所示所有这些积累,早年可能无法让你看到成效,关键时刻,它就很可能让你打个翻身仗。

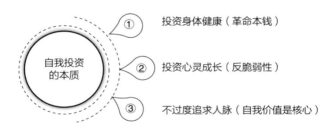

图2-5 自我投资的本质

我在海南岛的时候,再没钱也会去买书或看电影,投资自己的精神世界,比如看《肖申克的救赎》《许三观卖血记》《当幸福来敲门》……投资自己的身体,学习打拳，51岁了还能上台去打职业赛。因为我从骨子里认为，靠山山倒，自强万强。

如果不是这些早年的积累，也许今天我在做企业的过程中，遇到问题就会束手无策，甚至焦虑抑郁，但是我都没有。因为过去的苦日子培养了我的意志和能力。我们今天所熟知的爆红的新东方老师董宇辉，试想如果他没有这么多年的知识积累，是不能够在直播间随意就说出催人泪下的语句的。再看这几年爆火的法律老师罗翔，他如果不懂法律、不懂哲学、不懂文学，也是无法在这个爆炸式的信息时代脱颖而出的。

有些人醉心于人脉的积累，却不认真思考一下自己有什么价值能够让这些人脉愿意与自己结识。社会学里面很早就说过，人脉的本质就是价值交换。所以最重要的一点是，自己要不断提升自我价值。

年轻人不要总是抱怨世界没有给你机会。世界是非常公平的。机会到来以前，你需要做的是花更多的时间去投资自我。我到今天还清晰地记得一位创业者朋友和我说的一句话："成年人开始投资自己，开始靠自己赚钱，才是真正为自己负责的开始。"

第三章

创业是一场
旷日持久的马拉松

创业是一场马拉松

创业是一场旷日持久的马拉松。它少有人走,艰辛且布满荆棘。创业是一场冒险的商业行动。你需要为此赌上时间、金钱、信誉,甚至是人生中一切珍贵的事物,时时可死,步步求生。如果没有做好完全的准备,还是不要轻易踏上这条路。

除了需要持续投入这一原因,还有一个真相是:中国真正能够活过三年的创业公司,不超过5%。即使熬过了初创期也并不意味着就可以高枕无忧。凭借营销和资本的力量,瑞幸咖啡此前不断扩张。从2017年成立到2019年美国纳斯达克上市,刷新了全球IPO上市纪录。

原价20元一杯的咖啡,在瑞幸可以6元买到两杯。这种"赔本赚吆喝"的商业模式,在早期确实为其赢得了广大的市场用户,但本质不是长期可持续的绿色商业模式。包括开拓无人咖啡机等新的领域,所有这些烧钱的方法,在现金流不足以支撑业务本身的时候,就很容易出现问题。瑞幸最终因为财务造假而被摘牌,现在品牌依旧存在，但已经改变了相应的商业策略。显然，创业不是一朝一夕之事，是场"九死一生"的持久战。

创业九死一生，是持久战

创业路上，年轻人往往会遇到的一个问题就是，才华远远支撑不起自己的梦想。记得 2005 年初，我在房地产行业小有成就，于是便有些膨胀，在朋友的怂恿下，跑去越南海防市买了几万亩地，准备开发工业地产项目。当时越南随处可见标语："东盟十国，开放的越南欢迎你！"我的雄心斗志也被点燃，似乎还没开始就看到了胜利的曙光。我原本的思考是，借助越南的地理优势，将江浙地区的厂家吸引过来，开工业园区。在国内，我充分整合工厂资源；在越南，我合理利用自己在房地产行业这些年的经验。这个项目看似前景一片光明。在挨家挨户拜访企业，认真坚持三个月后，我得到的回复却都是意料之外的清一色拒绝。

看似合理的商业模式加上务实的执行，当时的我想不通失败的原因是什么。现在回过头看，当时的我对商业的理解还比较片面，一个在国内已经成熟的企业是不会轻易

勇敢者游戏
商业是一场伟大的冒险

选择走出国门，背井离乡带来的未知远胜于工厂成本略高的代价。想让传统企业创新或改变最大的吸引力一定是抓到了他人的痛点。我当时的想法不但没有解决他人的痛点，诱惑力也不大。实体企业最需要的是渠道、营商环境、资金支持和管理成本。在所有这些层面，越南对他们产生的吸引力都不够。这次创业以失败收尾，最后几千万的投入打了水漂，也算是为当时自己的商业认知买单。

没有成功是一蹴而就的。你看到的光鲜亮丽，多是幸存者偏差。大部分时候，创业是一般人难以承受的生命之重。有人因此跳楼，有人因此身败名裂。因为它对人和势的要求太高。天时地利人和都需要满足，才有可能创业成功。90%的人都倒在了黎明之前，或者被湮没，沦为沉默的大多数。

张一鸣在成功之前，曾经历过数次创业失败，包括早期找人投资，也是被拒绝过很多次；王兴的失败次数就更多了，包括美团之前的饭否，前途看似光明，突然被封停。但凡是个普通人，早就坚持不下去了。如果不是心中那股不屈不挠的意志，让他们最终坚持了下来，我们今天是看不到美团和字节跳动这两个企业的名字的。某种意义上，也确实是人在改变历史。

我在创业过程中，每次感到焦头烂额的时候，都会去读菲力普·肖特写的《毛泽东传》。毛泽东对我的最大影响就是他永不言败，永远坚持的那种精神。在这本书中，肖特说毛泽东成为共产党员以后的12年，曾遭受过六次挫折。

但没有一次，毛泽东选择了退却；即便是暂时退却，也是为了积累力量以求东山再起。他在1938年所写的《论持久战》，让竞争对手蒋介石看完都惊为天人。

战争和创业有很多相似性。很多时候，创业就是在打一场持久战。你必须要为最后的胜利付出一切努力。方法要正确，方向要正确，还要日复一日地耕耘，不停地解决内外部危机。

人才是决定性因素

创业过程中，武器和弹药虽然重要，但人才是决定性因素。在转型康养业务的时候，我亲自站出来为公司代言，跑步、打拳、戒烟、减肥。为什么我51岁了还能站在世界级别的拳台（IBF）上打拳？为什么我能每周坚持3~4次5公里跑步？一个做健康产业的公司，如果连创始人自己的身体都不健康，凭什么让别人相信公司有能力帮助客户做健康管理呢？

上行下效，那几年公司上下人手一本《营养学》，聊天话题都是围绕健康生活方式的。员工内部刮起戒烟风、夜跑风、骑行风；员工餐也由原来的基础款变成了营养餐，开会上台也都分享关于"六大营养素""人人都是自己的健康第一责任人"的内容。经过了一年时间，每个人都成了小半个健康专家，不但精神面貌好，还带动客户共同开始注重健康。总之，每个员工都成了一个个行走的山屿海品牌。

在拳击运动中，每打一回合是3分钟，中间需要休息1分钟，这和企业经营有很多相似之处：创始人和团队需要勇往直前，进攻是最好的防守；做事讲究灵魂，拳击的灵魂是"起来"，企业的灵魂是现金流；有了灵魂和方向还要有战术，不可急功近利，打拳要适当休息，手放下来的1分钟，是为了给再次抬起来积蓄更多的力量。做企业也要适当放缓脚步进行反思，审视方向是否在正确轨道。从本质上讲，这两者都是对自我的不断挑战。

马特·达蒙在2015年曾主演过一部电影《火星救援》，讲的是美国宇航员马克·沃特尼在太空任务中遭遇

第三章
创业是一场旷日持久的马拉松

风暴,孤身一人被遗弃在火星的故事。就在外界都以为他不幸身亡的时候,他却展开了一场关于自我的救援。创业就是这样的情况。很多时候你都处于悬崖峭壁,也没有收到外界帮助你的信号,武器和弹药也没有了,需要自己去创造。在一无所有的情况下,你就是自己最强的武器。

马克·沃特尼对身边的所有材料物尽其用。一边重排太阳能电池供电系统,一边搭建蔬菜大棚。在外界拯救自己之前,他先把自己变为当地农夫。比如,他改造火星土壤,不断尝试种土豆,同时,还想尽一切办法将信号发送给地球。过程中,他无数次面临计划失败的情形,但是每一次,他都需要去克服自己的心理压力,解决问题,延长自己的生存时间。靠着这股坚持不懈的力量,最终他获得了外界的救助。

"天行健,君子以自强不息。"我一直跟创业者们强调,要强大自己的身体和心灵。因为身体是革命的本钱,而心灵的能力则能帮助你度过那些人生中的至暗时刻。村上春树在《当我谈跑步时我谈些什么》一书中写到,坚持跑步的理由只有一点,中断跑步的理由却"足够装满一辆大型载重卡车"。跑步看似容易,长期坚持却不容易。那为什么我们还要坚持跑步或运动?那是因为在这种坚持中,身体会形成肌肉记忆,"力量会逐渐强大起来"。

熬到终点线的才是真英雄

对于很多创业者来说,运动就像是创业的隐喻。也许这场马拉松才刚刚开始。第一公里,你感觉不舒服,想要退缩;5公里跑完,感觉10公里在望;10公里跑完,似乎离半马不远了。

但就是半马到30公里的这段区间,可能会是全程最痛苦的时候。就像创业,当公司年利润达到1亿元的时候,你可能感觉最困难。因为此时会出现各种问题,如人力资源的问题、社会资源的问题和竞争对手的打压等。这个时候你需要做什么?那就是保持心率稳定,持续发力,熬过当下的痛苦,如此才能获得冲刺的资格。当你跨过了那条终点线,你会发现,原先所有困扰你的问题,都不过是沿途的风景。

2006年,我有一个初中毕业的员工,就是依靠坚持不懈才白手起家的。记得当初我刚把他招过来的时候,因为学历原因,没人看好他。但他很好学,经常向我请教,

第三章
创业是一场旷日持久的马拉松

我就告诉他从最简单的事情做起,比如早上 5 点在广场发 DM 单,我每天早上 5 点晨跑的时候,都能看到他的身影。感受到这个年轻人的毅力以后,我又和他说了一个简单的电话盲打销售技巧,手法虽然笨拙,但他真的坚持做了一个月,并成功交付了一个保险公司的客户。此后该客户又给他推荐了五十多个客户,他也慢慢打开市场,成为公司令人刮目相看的存在。现在,这个 1988 年出生的年轻人已经独立创业,拥有一套自己的办公大楼。

什么是真正的强大?一个人能够学会忍耐和坚持,才是真正的强大。比如对比项羽和刘邦,我觉得刘邦更加强大。因为项羽空有蛮力,却不知道忍耐的重要性。

楚汉争霸到了结尾,项羽本人被堵在了乌江河畔。此时江上有人劝诫,霸王要过江而去,依然能够东山再起。项羽却感叹自己将无颜面对江东父老,选择自刎谢罪。在我来看,这就是一种逃避行为。有时候为了长远大计而选择残喘的人,可能才是真英雄。

再看刘邦,公元前 203 年被困荥阳。当时的韩信已经平定了赵、燕、魏等地,平定齐国以后特意派人送信刘邦,希望能让自己做假齐王,当时,刘邦的第一反应是破口大骂。但此后他意识到韩信对于战争胜负的意义,选择了忍耐，表示愿意答应其请求。也正是这招缓兵之计，改写了日后楚汉相争的历史结局。

创业和战争一样，对创始人的心性要求极高。所以作为一名创业者，我发现最终胜利的往往不是那些一开始就表现优异的人，而是那些熬到最后的人，往往才有机会改写历史。我一直跟大家强调终局思维，如果你只是把目光聚焦在当下，会觉得一切都无比困难。为什么自己的公司每天有这么多问题要解决？找人很难，找钱很难，要活下去也很难。但是，如果你将时间线拉长，拉到10年、20年、30年甚至更长的维度，从整个时间长度来看，就会发觉今天所有这一切都是为你而来，都是为了成就一个更好的你，能在未来撑起更大商业帝国的你，如图3–1所示。

图3–1　创业是场马拉松

第三章
创业是一场旷日持久的马拉松

这个世界上的大部分人，都过于追求短期的胜利，却不关注长期的胜利。他们可以为自己找一万个理由不去执行，却不找一个理由让自己真正开始。在创业的这场马拉松上（如图3-1），没有人会认同你给出的任何理由或借口，胜利永远属于冲破一切阻碍，最终能够脱颖而出的那一位，如图3-2所示。

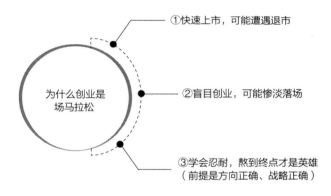

图3-2　为什么创业是场马拉松

创业者如何寻找合伙人

在创业的道路上,一个优秀的合伙人,能帮助创业者补齐短板,与公司共同进步和发展;反之,一个不合格的合伙人,可能会成为企业发展上极大的阻碍。

关于如何寻找优质合伙人,核心是在商言商。只有公私分明,利益清晰,有明确的规则和条款制约,才能在面对纷繁复杂的商业竞争环境时,让公司拥有更强大的竞争力。

江湖式的创业模式很难做大

很多人在创业早期寻找合伙人的过程中,第一时间会考虑到身边的朋友。因为朋友之间有比较强的信任度,而且之所以彼此能成为朋友,也是因为志趣相投,所以沟通成本较低,互相之间的包容性比较好。

这种情况往往出现在创业早期,公司只有十几人规模的时候。合伙人相互之间没有很大的利益纠纷,也不需要太多的现代化管理。但随着业务的不断扩张，公司扩展到一两千人以上规模以后，这种小作坊的模式就显得难以为继了。

我之前有个富二代朋友，没创业前身家千万，后来被同学拉去一起创业。公司刚开始的时候还运行良好，等到规模逐渐扩大以后，出现了预付款项收不回来的情况，公司的现金流成了很大的问题。最终和大多数创业公司一样，倒在了 2021 年的寒冬。朋友因为第一次开公司，缺乏经验，等到想起向同学追责的时候，对方已经连夜逃到国外，只留下他一人卖车卖房，还着巨额债务。每天他还要被供应商等各类催债电话吵醒，整个人的精神状态很差，和以前的轻松惬意相比，完全判若两人。

朋友之间凭着一腔热血合伙创业，却低估了创业的难度和风险性。这一点在夫妻店模式中也存在。

当年我在温州剃须刀厂工作，这是一家夫妻合伙的公司，老板人很不错，但有一个缺点就是无论做什么决策，都要老板娘最后把关。我们作为员工在工作过程中，经常需要自己垫付报销款，甚至还有上万元几个月都审批不下来的情况。不只是我一个人有这样的感受，公司内部其他员工也经常怨声载道。公司发展不及预期，同时又给不了员工相应的福利，最后很多人都选择了默默离开。这种小作坊式的运营模式，在江浙一带非常常见：创始人和妻子互为合伙人，公司管理不需要任何规章制度，所有的事情都必须经过两个人的批准。在这种模式下运营的公司，如果没有扩张需求，问题可能永远不会被暴露出来，但缺陷在于这种模式下的公司商业天花板明显，并且后期想要规范化管理难度极高。

对于市场化公司而言，但凡想要追求更大的规模和市场，必然需要引进更为专业的人才，也需要更为现代化的管理方式和制度规范。而夫妻共同决策容易带来的问题是，将家庭问题与公司问题混在一起，公私不分，最终导致公司陷入混乱局面。

典型案例之一就是当当网。2019年10月，李国庆对媒体披露自己被赶出公司的细节，随后向法院提出离婚诉求。在俞渝表示坚决不同意离婚的同时，李国庆带人闯入当当网，抢走所有公章。此后，李国庆又再度带人闯入公司并拿走资料。期间，两个人唇枪舌战，一时间外界也分不清楚到底真相是什么。

从商业层面来说，当当作为一家老牌网上书店，历史上曾经有过很好的机会，如被亚马逊收购，包括腾讯提出收购部分股权等，但都被当时的夫妻俩一一否决了。包括后来与海航的洽谈，也是因为夫妻意见不统一：一方想让公司独立上市，另一方想把公司卖掉。最后，他们再度与机会失之交臂。直到今天，能对当当感兴趣且付得起价格的买家已经所剩无几。

倘若两个人能将力量用在一处，放在重整旗鼓、认真经营而非针锋相对上，当当网的前景应该是很可期的。毕竟在创立当当以前，李国庆就是很成功的创业者，俞渝是海外归来的华尔街精英。但两个人在公司很重要的战略决策上经常很难达成一致。故事结局演变至今，令人唏嘘。

无论是夫妻创业，还是朋友创业，本质都是将人情和商业纠缠在了一起。所有无法给予对等回馈的人情，都有可能成为企业发展过程中的定时炸弹。因为人与人之间的成长步伐很难保持完全一致，并且很少有人可以承受得住在利益分配面前的人性考验，往往结局很难如想象中完美。所以，在商言商，让情感归情感，商业归商业。图3-3展示了合伙人的选择标准。

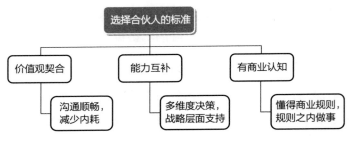

图 3-3 合伙人的选择标准

在商言商，江湖方式进入，商业方式退出

创业需要一腔热血。但仅仅是兄弟义气或夫妻之间的情感支撑，是无法经受得住未来更大市场的挑战和企业转型的考验的。在商言商，让公司更加市场化才会成功。

比如谷歌两位联合创始人谢尔盖·布林和拉里·佩奇，在内部经常会就战略问题发生争吵，但这从来不影响两个人之间的关系。他们甚至鼓励员工也这样，将重点放在解决问题上，而不是争论谁对谁错。

如果没有很大的格局和胸襟，人们往往很难做到就事论事。在探讨事物的过程中，人们会不自觉地将工作矛盾上升成为人际矛盾。谷歌在这一点上做到了巧妙的平衡。佩奇认为，想法比年龄重要，在公司经营管理上应拒绝形式主义。他们要求内部工程师用四分之一的时间去思考创新的想法,同时鼓励员工为一个想法而争吵,但凡说到了重点,佩奇就会表示自己不想再听下去了,"就这样做",干脆果断。

"最好的技术、最聪明的员工,以及领先于时代的想法"是谷歌两位联合创始人对公司的核心要求。其他所有规则和条文,都是建立在这些诉求的基础之上的。这也是谷歌为什么能从一家初创企业成长为国际性企业的原因所在。

一家初创企业如果想寻求突破,变得规模更大,更具市场竞争力,就一定要摆脱所谓的江湖气或面子文化。在"江湖方式进入,商业方式退出"的成功案例中,复星"五剑客"的故事值得借鉴。

复星"五剑客"指的是郭广昌、梁信军、汪群斌、范伟和谈剑五个人。他们均毕业于复旦大学,一起创业多年。最开始他们将生物医药作为战略主线,通过不断的精细化运营,于1998年在上海证券交易所将旗下第一个产业公司复星医药推送上市;此后,集团又在不同的业务上发力,比如旅游、地产、金融等,通过投资、并购等多种手段,复星成为国际一线的投资集团。几十年间,复星也从当初一家小小的创业公司发展成为至今的跨国企业。

在这种情况下，为什么这五个人还能维持友谊？因为他们早期利益分工就非常明确：郭广昌掌控全局；梁信军负责信息和投资产业；范伟主管房地产和内部相关事务等。大家各自负责自己的一亩三分地，并没有太多组织层面的干扰。

20年以后，五人组不复当年，但每个人离开的方式都很体面。2013年5月，范伟表示因身体原因，不再担任原有职位。过了4年，梁信军也选择了体面地离开。在辞任复星管理层和董事会工作时他公开表示，自己十分幸运，有生之年能搭上改革开放的列车，来到上海这样一片创业土壤，最为重要的是，能在创业初期，遇见郭广昌在内的一众创业伙伴，"以及在随后的二十多年中的所有人"。

梁信军曾经说过一句话："在复星，只有永恒的企业利益，没有永恒的个人关系。"他以开车作为比喻，刚开始也许每个人的速度都一样，能够并驾齐行，如果后面因为个人原因无法继续维持这样的状态，那么肯定还是以企业的整体目标为第一优先级去考量问题。

第三章
创业是一场旷日持久的马拉松

可以看出,梁信军对于企业经营的理解是非常深刻的。这也是为什么在他离开复星以后,郭广昌会感慨对方在公司经营管理中的包容,他认为换成自己,是很难做到对方这样的隐忍程度的。

纵观复星上下所做的一系列动作,我们会发现这些合伙人并没有太多的"小我"情节,所有人所做的一切都是为了整个公司能够进入更好的战略轨道。包括此后引入了一批新的全球合伙人来优化整个集团的决策机制,以此来保证集团的长久健康发展。

其实在利益和情感诉求之间,人与人之间的关系会变得非常微妙。而这种微妙,往往需要很强的智慧和包容性去处理。复星五人组能做到"江湖方式进入,商业方式退出"(见图3-4)的核心是将情感和利益分配均衡,懂得从更大的商业格局,即以企业目标为第一目标去做商业决策。

图3-4 在商言商

成熟的创业者寻找合伙人是有方法的

商业经营过程中最忌内耗。所以，创业者一定要因岗设人，而非因人设岗，对于合伙人也是如此。原则上遵循以下几点：第一，价值观契合。这能够减少很多不必要的沟通成本，大家把心思放在解决问题和提升业绩上。第二，能力互补。比如，对方更懂产品、技术或营销等某一专业方向，这样彼此能从不同的角度给予决策层面的建议；又或者对方自带一定的背景资源，能给到战略层面的帮助；最重要的是，对方应该是一个懂得遵守商业规则的人，大家一起在规则内做事，保留足够的分寸和边界感。

需要注意的是，无论如何分配，创始人一定要对公司掌握绝对的主动权。股东设置上最好也不要太多，一般来讲，3~5人最为合适。之前很多创业者就是因为不知道这一点，被其他董事会成员踢出核心团队。

乔布斯是一个经典案例。在创业初期，他选择了平分股权。苹果创立之时，乔布斯的股份占比为45%，沃兹占比45%，韦恩占比10%。此后陆续引入了不同的股东，但是乔布斯的占比依然不拥有绝对话语权，再加上后来董事会意见不合，才有了他被自己亲手所创公司赶出局的一幕。如果不是后来的机缘巧合，或许乔布斯很难再回到这家自己亲手创立的公司。所以，创业者应注重股东设置的相关问题（见图3-5）。

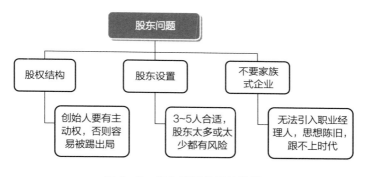

图3-5 股东设置的相关问题

类似案例在年轻创业者身上屡见不鲜。为什么自己的创业成果被别人分食？核心就是没有经验，不懂得商业经营的复杂性。作为对比，Facebook创始人扎克伯格就非常聪明，创业之初自己的股份就在65%，这导致他对公司拥有绝对控制权。

高质量合作的前提，一定是制定了清晰的协议和规则，比如股份、资金、分红等利益层面。至于协议部分，合伙创业之前要设想到所有最坏的可能性，先小人后君子，将相应的条款注明，是对双方负责。

知名身份验证服务提供商 Ttulioo.com 的两位联合创始人斯蒂芬·乌福德和塔尼斯·乔治，已经联合创业了很多次。在成立公司之前，他们会预先做好很多备选方案。据塔尼斯对外透露："起步之前，我们就建立了商业契约，从 2000 年开始到现在。"这是非常理性和成熟的做法。也正是这样的做法，他们一起并肩作战这么长时间。

在选择合伙人的时候，创业者千万不要去考验人性。为什么要把权力锁在笼子里？为什么要强调"亲兄弟明算账""先小人后君子"？核心都是为了规避往后的商业风险。这是一个创业者该有的觉悟。如果一个创业者无法做到分清事物轻重，选择合伙人时也冲动行事，最后他一定会在激烈的市场竞争中自食苦果。

创业不仅考验心性，也考验创业者对于人性的接纳度。虽然最好的情况是创始人找到了和自己一样有共同价值观的合伙人，在减少了沟通成本和效率最大化的同时，也使企业的商业价值实现最大化。但创始人同时也要有底线思维："合伙人可以不为公司创造附加价值，但千万不要成为创始人的后顾之忧。"宁缺毋滥，在没有找到合适的人之前，创始人宁可孤军奋战，也不要轻易投注自己的砝码。

创业公司要更加扁平化

前几年在资本和技术的催熟下,不少中小企业跟风扩张招募大量员工,花费了巨大的资金成本。后面这些企业却发现,盲目扩张不仅增加了管理难度,人效比也反而降低,对实际业务并没有多大助益。

在今天的市场和经济环境下,各行各业的竞争比以往更为直接和惨烈。也是基于此,领导者不该再用传统的模式和眼光去管理公司。对于无法产生绩效的员工,领导者需要采取淘汰机制;对于与核心业务无关的部门,可以适度裁员。最重要的是精简,精简意味着组织层面的去肥增瘦,摒弃官僚主义,让整个公司更加扁平化,使沟通效率和工作效率得以提高。

扁平化架构:去肥增瘦,保留有效人才

2010年左右,山屿海遇到了扩张压力。那段时间由于市场环境的变化,公司核心业务部门的业绩产出不如往

常理想。作为创始人，我认为这是很正常的事情，但内部开始出现员工动摇军心的情况。有一次我开车从山东威海去浙江安吉项目地，看到销售部副经理跟工程部经理在一起，刚看到我就开始窃窃私语，对公司发展评头论足。闲人是非多，基于当时的情况，我做出了两个决策：一方面是砍掉了没有业绩作为、爱说闲话的部分员工；另一方面则是提拔了团队内执行力强、业绩更为优秀的员工。这一决定对团队的影响是巨大的：从此以后再也没有员工敢说公司的闲话，并且员工的执行力和积极性明显变得更强，整体业绩也很快提升了上来。

对创业团队而言，信心比黄金更为重要，1次人事变动比100次讲话更能有力地表明立场。员工爱说闲话的主要原因还是工作饱和度不够，或者说此类员工与公司匹配度不高：一来有时间谈论是非，二来容易被有心人带节奏，很难对公司产生极强的归属感和成就感。站在管理者的角度看，与其互相损耗，不如及时止损，这是公司裁员的核心要义。同时这种做法也可以激励优秀员工，让他们深刻认知到，这是一家足够市场化的企业，只要员工肯努力，公司一定会给予更多的回报。通过这种方式，公司在管理层面实现了某种意义上的良性循环。

量入为出、惜才如命、用人得当、学习如痴，是创业者必备的素质，如图 3-6 所示。霹雳手段，菩萨心肠，我们一定要从更大的格局和整体去思考问题。去肥增瘦，是为了留住应该留住的人。

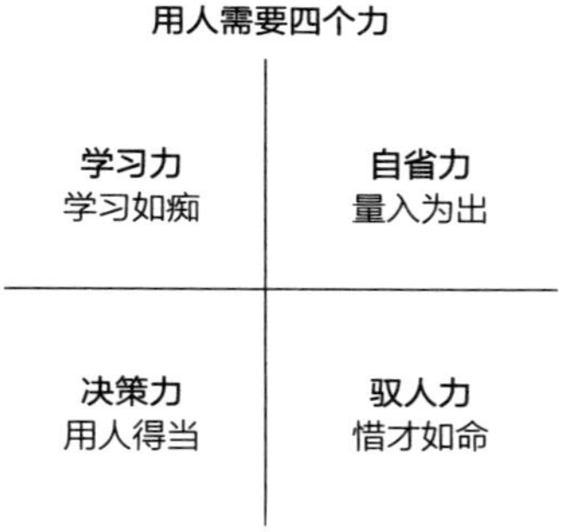

用人需要四个力

学习力	自省力
学习如痴	量入为出
决策力	驭人力
用人得当	惜才如命

图 3-6 创业者必备的素质

不但人员上去肥增瘦，业务上也是同样道理。在创业的这条路上，我也走过不少弯路，才有这番感悟。山屿海在 2015 年新三板上市以后，很快扩张到 5000 人的规模。那时候我做了一些多元化的拓展，如海外金融、职业足球队、教育、互联网医院、房地产等，但在经过两年多时间，花费了巨大的人力成本依然没有看到这些业务带来的实际收益后，我没有犹豫也没有纠结，不到三个月时间，就当机立断开始了缩减规模的决策。

2016 年 3 月开始，山屿海公司关掉越南市场业务，收缩了印度尼西亚雅加达的公司规模。国内市场如成都、西安、唐山、石家庄、武汉、荆州、长沙等，感觉到市场不景气以后，也陆续关停了大约60家分公司。公司整体规模很快从5000人缩减至1000人。

我们把多出来的人力成本用在了更为重要的核心战略目标，即康养层面上，并扩招了康养相关的研发和技术人员。这一正确决定给山屿海带来了持久的生命力，直到今天也在源源不断地为我们创造利润和口碑。

真正追求效率的公司不需要太多的表面形式，尤其是在招聘层面，宁可找一专多能的员工，支付更高工资，也不找一些平庸的员工，为招人而招人。招聘的核心原则（见图3-7）是：因岗设人，而非因人设岗；以工作流程

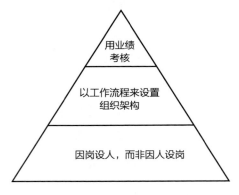

图3-7　公司招聘的核心原则

为中心,而非以部门职能来设置组织架构;将用户需求和业绩产出放在第一位,并且考核到具体员工。

扁平的沟通方式带来更高的效率

过分强调组织架构——实际是权力金字塔模型,是大公司的一贯打法。这种组织形式等级森严。但是对于千人左右的中小微企业来说,在资源有限的情况下,最该做的事情就是专注于主营业务,而不是把重心花在权力架构上。

最简单的一个典型案例就是开会。我们之前有个子公司的负责人经常带大家开会到深夜。开会的时间确实很长,最后却总拿不出解决方案。那么是否这些会议还有必要?是否这些会议只是形式主义?

很多时候,尤其是对创业公司而言,形式主义真的没有必要。亚马逊的会议是不允许使用PPT的。为了让叙事更加简洁,下属需要列出6项内容:①背景;②具体解决什么问题;③如何解决问题;④怎么验证;⑤讨论和分析;⑥总结。此外,会议一般会从默读开始,主要是让大家都能了解具体内容,再开始具体讨论。一般情况下,会议最后往往以3个"W"结束——时间节点(When)、人员(Who)和任务(What)。

贝索斯的开会方法是基于公司风格和诉求的经验总结。对创业者来说,其借鉴意义在于开会是为了解决问题,不是为了制造问题。所以,会议的流程应尽量缩短,宁可出错误的结果,也不要没有结果。

在这一点上,日本经营大师稻盛和夫有着相似的看法。他认为如果喝酒吃饭能解决问题,就根本不需要开会,何况喝酒吃饭还能增强团队的凝聚力。所以在公司内部,大家经常在下班之后聚在一起,一边喝啤酒吃花生,一边愉快地交流。这种轻松的氛围和家常的沟通方式将经营者和员工放在了同等位置,大家真正敞开心扉交流,如此才能碰撞出更多的火花和创意,最终创造出更大的价值。

官僚主义的管理方式是旧时代的做法。

通用电气前任CEO杰克·韦尔奇被认为是管理学实践的引导者之一,是位传奇管理者。但他极其痛恨官僚主义。管理通用电气期间,杰克·韦尔奇看到了整个组织的冗杂,他从内心认为,这种层层叠加的金字塔式结构严重干扰了组织灵活性和创造力。为此,他进行了大刀阔斧的改革,比如建立无边界组织,将层级精简到 5~6 层,废除九层管理制度等。一番改革下来,公司直接实现了销售数据的 4 倍增长。

在这一点上,国内创业者张一鸣是韦尔奇的拥趸。2020 年,字节跳动员工规模突破 10 万人,此后人数也不断上升,给管理带来巨大负担。于是,字节跳动开始了一系列动作,如 Ohayoo 游戏部门重新划分,以及战略投资部整体裁撤等。

为了达成精简目标,字节跳动内部采用 OKR 考核方式。与传统 KPI 考核相比,OKR 更强调个体主动性。以前是上级直接派给下级任务指标,现在是上下级交流共同设定指标,绩效反馈更加及时,也更加扁平化。此外,在沟通方面,为了提高效率,字节跳动并没有使用外部工具,而是自主研发了飞书应用。在该款应用中,公司可以对行业术语进行标记或注释;也支持跨部门查询和全局搜索等功能。目前,飞书这套工具也已经被众多互联网公司推广并使用。

所有这些行为的背后,都是为了让字节跳动这样一个庞然大物变得更加扁平、高效和专注。

庞大如字节跳动这样的公司，依然保持着创业者的心态，在做扁平化的事情。中小企业更应该摆正自己的位置，清楚了解业绩目标和战略重点在哪里，围绕核心问题去做战术动作。

就像射箭一样，无论你有多么充足的力气，只有明确靶心的位置，做到足够的简单和专注，才能一击即中。

灵活柔软"阿米巴"，拥有更强的生命力

2021 年，我们孵化了一家名为"播播糖"的 MCN 公司，定位本地生活赛道方向。通过挖掘、培养素人的模式，我们签约了大量播货达人。这些达人主播所播的货品由公司提供，再通过打造 IP 矩阵的模式进行引流。最终呈现出在抖音平台实现单月增粉 50 万，月均曝光 1 亿次以上的合作效果。目前，播播糖合作商家包括肯德基、奈雪、麦当劳、长隆、海底捞等头部商家，短短一年的时间就做到了月均线上 GMV（商品交易总额）几千万。

公司和员工最开始启用的还是传统的底薪 + 一定提成的传统合作方式。后来不少员工发现提成模式收入更高，于是主动提出不拿基础工资，享受更高提成的方案，甚至

因为看好公司的长期发展,申请入股。员工的这种想法也给了我很大的启发,因为传统的工资考核制度很难衡量每个人的业务产出,也极其容易出现"浑水摸鱼"的现象。但如果个人也可以拿公司的盈利分红,那么对于这些员工而言,他们在做事情的时候就更容易为集体目标而奋斗,从而创造出更大的收益。

播播糖的这种扁平化体现在几个层面:第一,公司对员工没有固定坐班或开会等形式层面的要求和束缚;第二,员工和公司的沟通是非常简单和高效的;第三,内部采取的也是优胜劣汰的机制,完全依赖市场结果来管理和激励员工,目标导向非常明显。而且在这一体系内的任何一个环节,员工都能获得更高的利润分成。

比如,员工招收了一个想做本地生活主播的学员,在学员交取的学费中,员工可以抽取一半的比例作为利润。接下来就是培养学员成为达人的过程。比如,员工能够挑选出优质的达人,陪跑一个月,便可以再拿到25%的利润。最后一个环节是学员成功培养出以后,与公司签约播货,那么培养这个学员的员工又可以拿到货品利润的10%。

所以原则上来说,只要单个员工能够孵化更多的学员和达人，他就可以在多个环节拿到更多的收入。这种正反馈能够不断强化员工的工作积极性。通过这种方式，目前在员工不拿任何基础工资的情况下，一年能够做到 GMV 上亿的水平，人均产生年利润在 100 万元以上。员工月收入十分可观，不少人还直接入股了公司。

播播糖与员工的合作方式被我戏称为"改良版的阿米巴"，即将所有人都变成我们的事业合伙人。

阿米巴模式首创于日本企业家稻盛和夫。作为自然界极其微小的单细胞生物，阿米巴能够随时根据外界环境不断做出自我调整，兼具灵活性和适应性。稻盛和夫认为，若能将庞大的组织拆分成多个微小的阿米巴组织，也许能让团队内部发挥出更多的主观能动性。

这套理论的核心其实是将决策的权力下放到员工，将员工主动变为公司合伙人。稻盛和夫之所以会提出这样的解决方案，也是因为提前预见到，公司发展规模扩大以后可能会沦为官僚企业的命运。为解决这一问题，他想到这个办法来激发员工活力。

简单来说，每个"阿米巴"组织都像是公司内部孵化的小企业。它们只需要在一些关键的事情上与上级保持沟通，剩余时间完全自负盈亏。这既减少了组织上的管理成本，又加强了内部单个组织的韧性和强度。

通过这套模式，京瓷集团获得了巨大成功，尔后稻盛和夫又将这一模式复制到旗下其他公司。再之后，"阿米巴"的思路被顺利引入中国，为广大国内企业熟知和效仿。播播糖的运作模式与其不谋而合，核心思路都是将员工和老板放在平等的位置，在承担更多义务的同时，也享受更多的权益。

对于企业而言，无论是组织架构上的调整，还是沟通方式上的扁平化等，本质都是让企业变得像"阿米巴"一样灵活，随时根据外界环境的变化调整生存策略。"大道至简"，越是简单极致的扁平企业，越有创造力和生命力。

100 个开始,不如 1 个完成

挖井的底层逻辑是 999 米 + 1 米。只有挖到最深,才有可能挖出水来。

早年我去丽水市遂昌县开发温泉,咨询了负责挖井的项目负责人。他跟我说,当你决定开始的时候,就要一直深挖下去,中途如果想要另换地点重新开始的成本是 200 万元。有时候 999 米没有挖出水,到 1000 米可能就挖出来了。这一道理让我铭记至今。

这样一个简单的道理,很多创业者却没有领悟到。创业和挖井相似——在某一方面做到坚持和极致,才有可能获得最后的成功。在这样一个更新迭代迅速的时代,挖很多井是容易的,而持续深耕、保持专注才是难能可贵的。

100 个开始与 1 个完成

挖 100 口井,不如把 1 口井挖到最深(见图 3-8)。对于挖井工人都明白的朴素道理,很多创业者却陷入了思维的死胡同。

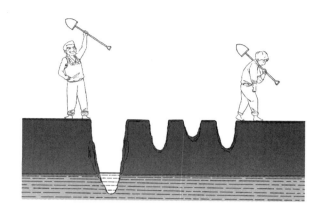

图 3-8 100 个开始与 1 个完成

尤其是 BAT 出身、有光环加持的创业者，在创业初期常常会犯一个致命错误，就是希望做"大而全"的生意。这是他们的思维惯性在作祟，因为他们已经习惯了在大公司得到很多资源支持，并不能真正理解创业的真正辛苦之处。

创业是个从零到一的过程，没有资源也要创造资源。所以早期创始人千万不能什么都想要。什么都想要的结果往往是什么都得不到。在保证自己找到清晰的商业变现路径之前，创业公司最应该将精力和资源投入到最具商业价值的一个方向上，并让这一方向成为自己未来开疆拓土的底气。

凡客诚品是互联网电商历史上的一个经典案例。创立于 2007 年的凡客诚品，将自己定位为"互联网快时尚"，经营理念是"去除不必要装饰，强调舒适性和表现不繁复的优雅"。他们找到的设计师都来自国外，做工和布料也是一流水准。

凡客诚品之所以取这个名字，本意是为了传递一种"每个人生而平凡，却又不平凡"的精神。这种精神也体现在了火爆一时的"凡客体"广告上。比如，"爱网络、爱自由、爱玩起""爱夜间大排档，爱赛车，也爱 29 元的 T-shirt"。这类广告语彰显了年轻人坦荡不羁爱自由的特点，对于受众而言有着强大的吸引力。

凡客诚品的受众群体是伴随着互联网成长起来的一代人，因为凡客诚品早期主打的是简约且性价比高的单品，在舒适、得体，对标国际一线品质的同时又有合理的定价。很快，凡客诚品俘获了一众年轻人的喜爱。凡客诚品在初期确实依靠 T-shirt 这一单品显示出了蓬勃的发展势头。至 2008 年 10 月，凡客诚品日订单量在 5000 以上，每天销售上万件服装，注册用户累计达 200 万。2010 年，凡客诚品营收突破了 20 亿元。截至 2011 年 7 月，公司先后完成七轮融资，累计筹集资金在 4 亿美元以上。凡客诚品开始寻求在美国上市的计划。

巅峰时期的凡客诚品，拥有超过 1.3 万名员工。2010 年 6 月，凡客诚品的总库存为 1.98 亿元；2010 年年会上，陈年对团队提出了 100 亿元的销售目标，甚至表示到 2015 年要让凡客诚品的销售额超过千亿量级。

上市对于公司的销售额等财务数据都有一定要求，急于求成的心态使得凡客诚品内部开始疯狂扩张品类，从鞋袜到包，甚至拖把这样的生活用品，都出现在了凡客诚品的 SKU 类目里。"谁会在我们这里买拖把？"陈年在查询仓库的时候怒吼道。

本来公司可以好好生产这样简单的 T-shirt，攒足底气和实力，再慢慢扩大发展步伐，但是创始人陈年过高地估计了自己对市场的判断，同时也在错误的时间点开始大张旗鼓地扩张。

包括在品牌营销的宣传上，公司也偏离了原有的务实路线。比如请李宇春代言，广告语"生于 1984，我们是凡客"——1984 年，乔布斯发布 Mac 产品，柳传志成立联想，等等。凡客诚品认为 1984 代表了颠覆和变革。但对于绝大多数的消费者而言，他们根本不关心 1984 年发生了什么，这样的广告和之前的凡客体相比，多了一丝模仿，少了一些真我，很难得到用户的理解和支持。

终于有一天，陈年也意识到了危机。用数据指标去要求下属，得到的结果是，品牌类目全面开花，库存积压严重。痛定思痛，陈年不仅停止了上市计划，还开始大量裁员，从磁器口搬去了亦庄，对团队要求重新聚焦回"发家产品"，做好一件衬衫。

可惜亡羊补牢，为时已晚。在凡客诚品大刀阔斧的期间，京东、天猫等电商平台已经以飞快的速度成长起来并快速占领了市场。电商行业发展迅速，再想重新来过的凡客诚品已经错过了最佳时机，此后再怎么努力，也依然难以回归往日辉煌。

一个完成才是千万个完成的开始

山屿海创业的早期，也经历过这样的挖井过程。我们也是探索了很久才找到了合适的方法，并将这口井挖到了最深。

当时山屿海在海南岛已经有了一定客户，但是伴随着

第三章
创业是一场旷日持久的马拉松

租金包括人员成本的支出,现金流出现了一些问题。于是我们决定开始推广会员制,即冬季到海南岛,夏季到威海,春秋季到天目山的策略。结果在开发客户的过程中,我们又遇到了很大问题,试了很多地方都不合适,甚至团队内部开始有人怀疑会员制是否能够成功,质疑声不绝于耳。

但我们始终没有放弃对于会员制的探索。事实证明这是一口很深但正确的井,只是那个时候,我们没有找到合适的方法和路径去挖而已。等业务发展到了上海,一切忽然变得顺利起来,因为上海有属于我们的高净值客户,并且他们也愿意来到浙江安吉度假。由此,会员制模式得到了极大的推广,这批忠实的会员也成为山屿海的护城河之一。

市面上做老年人康养业务的公司鱼龙混杂,非常之多。很多山屿海的员工离开以后也会到竞争对手公司。但经过了一段时间,他们会发现被我们远远甩在身后,因为他们只看到了山屿海表面的竞争优势,并不了解背后深耕多年积累下来的经验。即便是原封照搬,也至少需要三五年的时间,更何况竞争对手也没有资金成本来照搬。比如,公司在湖州太湖边花费几亿打造的康养酒店,类似这种重资产投入，一般创业公司的现金流是完全扛不住的。

成功挖出一口最深的井以后，我们就可以依照同样的方法挖第二口、第三口……

在不同的时代风口下，挖不同的井。我从2021年年底开始筹备运作个人抖音账号，2022年3月正式开启了"熊雄商学"的抖音项目。刚开始拍摄视频的时候，整个人像是被封印在了椅子上，对着镜头脑子一片空白，讲话也常常是讲了上句忘记下句。经常在一天高强度的拍摄结束后，我只想保持沉默。

这样辛苦的付出换来的结果却不尽如人意，一个月发了几十条作品都是反响平平，只有几百点赞和评论。但我并没有选择放弃，终于，在一个月后，我记得是4月30日，"什么样的人不能深交"这一条视频的点赞一夜间突破了3.5万，还被人从抖音号搬运到了微信视频号上。这条视频在很多微信千人群里不停转发，至此，"熊雄商学"的抖音账号算是正式出圈。

在这之后又平淡了一段时间，期间我依然坚持每天上传新的视频素材，并不断打磨网感、寻找优质利他话题。直到6月底又有一条"永远不要试图改变一个人"的视频点赞破 20 万、播放量超 900 万，这让我更加坚定信心。

　　为了保持热度，我坚持每周直播 3 天，雷打不动。当然，一开始的直播也是难熬的，最惨淡的时候每场直播只有 20 人在线，其中还有 5 个人是我的助理。只有我一个人对着手机反反复复讲，对于一个已经创业成功的实干企业家来说真的是抛掉了面子，拿出了底子。想想我每次在公司里开会都是几百名员工认真倾听，热情鼓掌，现在在办公室对着手机里 15 个陌生人，不但要打起十二分的精神，还要接受一场 2 小时的直播却没有新增粉丝的结果。但我降低了心理预期，一场直播下来，哪怕只新增 3 个粉丝也是一种进步。多年经验让我深信一万小时定律：只要长期坚持一件正确的事情，一定会有意想不到的回报。

　　群众的眼睛是雪亮的，经过半年时间的观察，他们发现我是真正愿意分享商业干货的企业家，并发自内心地想要向我咨询如何避免在创业道路上踩雷，这种分享所带来的正反馈让我有了持续不断输出干货的动力。截至 2023 年 3 月，我的全网矩阵号粉丝超过百万量级，单号粉丝超过 70 万，直播在线人数稳定在 300~700 人，连麦咨询的人多不胜数。抖音案例对我最大的启发在于，这个世界对于勤奋的奖励其实要多于聪明，天道酬勤。

此前全网火爆的刘畊宏，因直播健身操而为大众所熟知。而刘畊宏之所以有这么大的影响力，不仅在于自身能力，更在于其背后 MCN 机构无忧传媒的助推。事实上早在 2018 年 6 月，刘畊宏就已经入驻抖音，内容以亲子和日常健身科普为主，但两年时间仅涨粉 100 万。

签约无忧传媒以后，团队根据刘畊宏的特点调整了整体策略，以健身直播为主，在特殊时期实现了现象级粉丝增长速度。公开数据显示，截至 2022 年 10 月 28 日，刘畊宏抖音全网粉丝数已经超过 7000 万，排名第二，仅次于刘德华。

无忧传媒是在抖音短视频领域的超级大玩家，他们深切明白专注的重要性。2018 年因为看到了抖音早期红利，创始人雷彬艺带领团队抛弃了过往的桎梏，将重心投入到了抖音赛道，一方面继续强化团队在直播和短视频板块的能力，另一方面持续挖掘有潜力的主播，并进行针对性的孵化。

不在别人的赛道上奔跑，专注做自己、做更好的自己。一个完成才是千万个完成的开始。

第三章
创业是一场旷日持久的马拉松

井至最深，水到渠成

今天誉满全球的香奈儿，最早也是因为将几个经典单品做到了极致，才收获了后来时尚圈无可撼动的影响力。

可可·香奈儿女士大胆新潮，敢于向世俗挑战。她认为时装的本质应该是服务于女性，解放其身体和思想，而不是相反。所以在 20 世纪 20 年代，她大胆推出了自己设计的小黑裙。小黑裙与传统女裙相比，更短，也更简洁，有点中性色彩。

小黑裙的经典之处在于它颠覆了传统、世俗意义上的价值观。女性不再是男性的附庸。她们穿着这样的小黑裙，可以参加舞会，也可以参与运动，功能意义很强。在第二次世界大战物资短缺、全球经济萧条的情况下，面料简单、价格实惠又计简约的小黑裙，反而成为女性们钟爱的选择之一。

井至最深，水到渠成。通过这一单品打下了一片江山的香奈儿，自此有了开疆拓土的资本，其后又创造出了无法被超越的永恒经典。横跨领域包括女士包、香水、彩妆等。

香奈儿品牌曾多次登顶福布斯奢侈品排行榜前列。其所创造的一个又一个时尚单品：5号香水，CF系列挎包等，即便跨越近一个世纪，依然为当今的女士们所痴迷和钟爱。此后的香奈儿时尚王国，正是基于这样一个又一个经典单品所缔造。"想要无可取代，就必须时刻与众不同。"对于一直在创造的香奈儿女士来说，全面开花的成功只是附加品，因她的专注与极致，所以一切都是如此水到渠成。

时尚行业如此，其他行业也是同样道理。只有不断地在一个点上深耕细作，做到足够的极致和专注，企业才能在未来有更多的机会拓展边界，开疆拓土。

世界属于勤奋、专注且认知足够深刻的人。100个开始，不如1个完成。

第四章

在正确的时间，
　做正确的事

普通人要学会抓住时代的红利

每个时代都有超级红利。

20世纪八九十年代开始,国内的房地产红利开启。时势造英雄,房地产红利之下,催生了一些领军人物。当年我积累的人生第一桶金也是因为离开银行以后赶上了房地产行业的黄金期。

到了20世纪90年代末,互联网浪潮来临时,催生了一批超级富豪,张一鸣、王兴等人成为新经济的代表。移动互联网的兴起,让一大批网红一夜爆火。抖音又捧红了包括董宇辉、罗翔等在内的一批素人。

近几年,新能源、碳中和、芯片成了新的浪潮。比亚迪这样的传统汽车厂商都开始加紧新能源汽车的制造,小鹏、蔚来也一跃成为资本的宠儿;大洋彼岸的马斯克,从人人嘲讽的创业偏执狂,成为天才"钢铁侠",并登顶2022年全球福布斯亿万富豪榜,成为全球媒体关注的焦点。

第四章
在正确的时间,做正确的事

任何一个人,如果不想被时代所抛弃,就一定要将自己投身于时代的洪流,没有人能够躲过时代的风起云涌。

时至今日,我们能看到的红利,除了新能源、碳中和、芯片等,就是抖音(见图4-1)。想要入局前三者,不仅门槛高,还需要时间、技术与资金的三重加持,普通人难以企及。如果从未涉足过,不要轻易尝试。

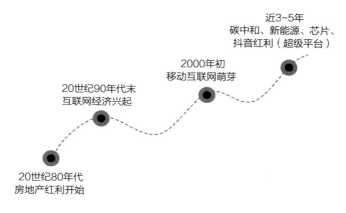

图4-1 各时代红利

英雄总有落幕时——房住不炒的时代下,地产红利已不复存在

房地产是改革开放以后的第一波产业红利。印象最深的是2014年,我在上海外滩与朋友吃饭聊天,当时大家的话题都围绕着哪里的房地产值得买,怎么才能抢到更好的

房源。那时候上海的房子每平方米大约3万元,到2018年时,顶峰涨到过每平方米30万元。

作为一个曾经的房地产人,我觉得房价疯狂增长的原因一方面是由于中国传统文化对于买房置业的追求;另一方面也是长久以来,人们将房产赋予了太多的金融和投资属性。但无论如何,这种违反事物发展规律的增长其实是很不理性的。所以,即使躬身入局,我也一直保持着冷静的态度。

我们山屿海也有房地产业务,但早在2013年开始,我就开始有意识地逐步收缩这部分业务。任何先见之明的底气,都有大量实地调研的支撑。做出这一决策之前,我走访了美国、欧洲、澳大利亚、日本等发达国家。1985年,日本银座的房价接近每平方米30万元,到1993年直接降到了每平方米3万元。房地产泡沫的破灭给日本经济造成了重创,直至30年后的今天,依旧低迷。历史的轨迹总是有迹可循的。日本的发展轨迹,对于我们来说也有借鉴意义。再加之结合当时的行情,我毫不犹豫地做出了收缩这一业务板块的决策。

房地产时代确实催生了一批大佬。例如,1996年开始创业,将一家广州本土企业逐渐发展成为全球性房地产知名品牌的许家印。恒大开创了金元足球的时代:350万

第四章
在正确的时间，做正确的事

美元引进穆里奇，创造"凯泽斯劳滕神话"。恒大创造了一个又一个神话。

同样"敢为天下先"的华夏幸福，2005 年依靠 PPP（政府和社会资本合作）开发模式，在固安用配套商业地产卖房的钱去补贴产业新城的运营投入，获得成功。东方园林创始人何巧女，也在扩张企业的过程中采取了 PPP 模式。激进的扩张使得华夏幸福、东方园林很快陷入债务危机。2021 年 2 月 2 日，华夏幸福发布公告称已经发生 52.55 亿元债务逾期。而东方园林何巧女因前期垫资太多，一度负债累积高达 200 亿元，从浙江女首富一夜间沦为了多起债务案件的被执行人。

时势造英雄，自 2018 年以后，受房住不炒政策等的影响，房地产的黄金时代一去不复返。如今的房地产公司大多因债务违约而负面消息缠身，地产大佬也纷纷淡出了媒体视线。

未来五年到十年，整个房地产的市场行情都不会比现在更好。所以对于目前依然还奋斗在房地产行业的同人，我的建议是，宁可壮士断腕，也要看清当下局势，即使沉没成本巨大也不要盲目恋战。在不对的势头之下，越努力只会更无力。

互联网还是造富工厂吗

1998 年,我还在家乡的小县城时,上网的人还很少。早期很多用户是电信玩家,需要买调制解调器拨号才能上网;或者是在网吧里,一小时花两三元钱。正常人来看,这是"不务正业"的人才做的事情。到了 2002 年,当我在义乌网吧查询资料的时候,发现一群人都在 QQ 聊天、打游戏、上网冲浪等。那时候我就隐约感觉到,一个新的时代可能要来了。

果不其然,互联网来势汹汹,比房地产的变化还要迅猛,成为又一个造富工厂。一夜成名,一夜暴富,在这个时代之下都成了轻而易举的事。利弊相依,祸福相存,一夜破产,一夜回到解放前的报道也屡见不鲜。

曾经的超级网红,聚美优品的 CEO 陈欧,四年上市纳斯达克,成为当时最年轻的上市公司 CEO。但是很快,假货传闻甚嚣尘上,此后陈欧被迫转型,先后投资共享充电宝、进军智能家居领域,甚至成立影视公司,但终究未能扭转形势。最终聚美优品私有化,并从纽交所退市,退市时市值蒸发近 400 亿元。而陈欧也从人人艳羡的超级网

第四章
在正确的时间，做正确的事

红，逐渐销声匿迹。

一将功成万骨枯，风光与荣耀的背后也藏了很多的失败和心碎。比如大学期间创业的饿了么创始人张旭豪，因抵抗不过美团的竞争，最终只能选择将自己手中的股份卖给阿里巴巴；申请了多项专利的摩拜单车，也是因为扛不住内外部的压力，最终选择了将自己的命运交付给美团。创始人辞去 CEO 一职，黯然离场。而美团王兴，自 2015 年厮杀成功以后，还要再度经历与饿了么、百度外卖之间的外卖大战，近期又开始在生鲜市场发力，与叮咚买菜展开激烈竞争。互联网行业的从业者是不容易的，因为他们的商业模式没有很强的护城河，只能靠不断扩大规模，获得用户和市场份额来赢取最终的胜利。这种商业模式决定了身在其中的人们只能"狭路相逢勇者胜"。

互联网世界没有不老神话，即便今天特别庞大的 BAT，也依然面临着被后来者不断突袭和追赶的命运。比如腾讯在 QQ 之后，为了留住用户，需要通过微信来维持自己的地位，而早年的微信，也是在与米聊、飞信的鏖战中才脱颖而出，成为今天当之无愧的社交霸主。相较于房地产，互联网更加变幻莫测。

2015 年共享单车最火的时候，放眼望去街上很多在骑共享单车的人，一时间出现了数十家竞相模仿者。"赤橙黄绿青蓝紫"，令人傻傻分不清。结果两三年时间，负面新闻频出，共享单车押金难退，用户追债的新闻频繁传出。迄今唯一还能让人回忆起这段创业故事的，大概就是地铁旁一些无人问津的废旧单车。

近期，多家龙头互联网企业也遭遇了同样风险。在互联网线上流量见顶，以及整体经济大环境的影响下，风头正盛的今日头条、拼多多等的创始人，也都开始有意无意地降低自身的曝光频率。不对外接受采访，甚至卸任CEO职位。

当下对于互联网行业的从业者而言，最该做的事情就是稳住现金流。

普通人如何争分夺秒，抢时代的红利

"时来天地皆同力，运去英雄不自由。"房地产和互联网大佬都在刻意低调的当下，普通人的机会在哪里？

很多人将目光投向了新能源或碳中和市场。这两者都是非常重资本且考验现金流的事情，心性强大的创业者都

第四章
在正确的时间,做正确的事

九死一生,更何况是没有太多博弈砝码的普通人:人称钢铁侠的马斯克,也是熬了将近20年才成就了今天的特斯拉品牌。在国内,创办了易车、投资了摩拜的李斌,在成立蔚来汽车以后,也因为不断投入,成了"2019年最惨的人"——股价跌至1美元,高管离职,公司徘徊在退市边缘。

所以,我不建议当下的创业者轻易进入这两个赛道。从三高一低的原则来看,目前适合普通人的赛道是乡村振兴和新消费这样的项目,符合政策趋势,并且有极高的倍率和复购。对于乡村振兴项目,切忌为情怀买单。野外露营、生态采摘、农家乐等是可以做的,其他重资产、大投资的项目要慎之又慎。对于新消费,我们也要选择小而美、接地气的项目。像轻餐饮、小烧饼、小吃综合体等外卖结合门店模式,除了商务成本低的优势,还做到了线上线下同步拓客,挖出了新消费的第二道"护城河"。

另一个不可忽视的赛道是抖音。抖音是移动互联网浪潮下诞生的超级平台。公开媒体报道显示,抖音总用户数量超过8亿,日活7亿,人均单日使用时长超过2小时。不只在国内,在国外,抖音也打败了一众社交App,目前已经达到了跟微信同样的颠覆性地位,也是移动互联网浪潮下最后一波红利所在。

2021年年底,山屿海也开始启动抖音项目,打造了"熊雄商学"等一系列矩阵号。经过一年半的时间,目前单号粉丝已经超过76万。作为非专业选手入局抖音,山屿海在没有太多市场投放的情况下,通过持续不断的时间成本投入,直到2022年6月才出现了两条上千万浏览量的爆款视频,也算是逐渐打开了局面。核心还是一万小时定律的应用。很多人可能觉得企业家在抖音直播是自降身价,我认为这是缺乏认知。现在已经不是过去那个时代了,无论是普通人还是企业家,抖音都能将其线下价值放大无数倍。

山屿海前些年在品牌宣传上的投入并没有很大,因为自然流量和口碑传播所带来的增量市场足够支撑业务发展。但这几年的局势不同了,随着增量越来越少,我们将目光投向了公域。近几年,在公域获取流量最简单的方式非抖音莫属。这是一个新增的低成本拓客的最佳方式,尤其是在线上成本居高不下的当下。无论是打造个人IP,还是在存量中发掘增量,抖音都是一个轻量且ROI较高的选择。

事实上,今天任何一个传统行业都可以在抖音上重塑

第四章
在正确的时间,做正确的事

一遍。因为此前品牌拓客的方式主要来自搜索引擎、媒体等形式。但现在新增的拓客成本已经高到离谱。以京东为例,近几年都在 300 左右徘徊,即单个新增用户的拓展成本为 300 元左右。

对于普通创业者来说,接受高昂的拓客成本绝非明智之举。但抖音的出现,让懂得坚持的人更能收获意想不到的效果。

北京的浣熊先生森林音乐餐吧,经历几次大环境的变化,几乎都要倒闭的时候,创始人背水一战,在抖音上打造了自己的个人 IP。经过三个月的持续性投入,终于因为偶然的一条视频流量激增,餐厅立马恢复了现金流的正常运转。又过了三个月,该音乐餐吧已经扭亏为盈,在 2021 年年底又开了两家餐厅。

浦东北蔡,我的集团公司总部附近做肖像摄影生意的老板,每天坚持将为客户化妆和拍摄的过程剪辑,发到抖音,持续吸引了更多的客流。在多数照相馆面临闭店转让困境的情况下,他们每天仍保持 10 单左右的收入,单日净流水在 50000 左右。

抖音所带来的时代红利,是几波红利中最容易被普通创业者触及的一波。普通创业者最大的问题在于品牌效应不强,能够辐射的圈层也非常有限。抖音作为一个杠杆,可以在无形中将价值放大。在今天这样一个竞争激烈的时代,普通人要想脱颖而出,核心还是找到自身优势,借助平台力量来撬动杠杆。

有认知,就输出认知;有产品,就输出产品。剩下的就是坚持不懈,等待水滴石穿。人是时代的产物。只有在对的风口上努力,才能够乘风破浪,顺势翱翔。

人弃我取，弯道超车

2015年，我在长江商学院读EMBA，住在北京王府井君悦酒店。当时，我就看到酒店大堂里面，每天人头攒动，来来往往都是拎着皮包的人，嘴中冒出的词汇动辄就是"几个亿""大项目"。那个时候，我还是上海财经大学校董、兼职教授、"创业导师"，对着一群刚毕业的大学生讲创业，就像是在教一个16岁刚发育的男孩如何做父亲，现在想来很是讽刺。

在"大众创业、万众创新"的政策号召下，创投成为街头巷尾热议的话题。仿佛随便走进一家咖啡厅，你都能看到拿着电脑写商业计划书的年轻人。有句话叫"风口上猪都会飞起来"。但很显然，那样的时代，我们有生之年恐怕很难再看到了。

伴随着社会整个大环境的影响，创业俨然已经不是一个热词。或者说，它已经从狂热状态转变为更理性的状态。这也对创业者们提出了更高的要求。无论是巨头争相进入下沉市场，还是创业者奔赴东南亚、新加坡淘金……

背后的核心逻辑都是，不能在原有的赛道上继续追逐（见图4-2）。

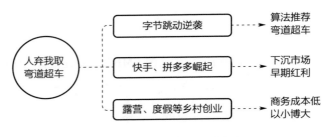

图4-2 人弃我取，弯道超车

为什么现在这么多人对区块链趋之若鹜，甚至在对市场没有基本认知的情况下，就疯狂地投入到元宇宙或碳中和领域？很简单的一个原因就是，他们希望能够借此弯道超车。在他人看不见的地方寻找价值洼地，在市场行情极低的时候低买高卖，当下已经成为创业者和投资人不多的选择。

字节跳动的逆袭是弯道超车

作为创业者，我们应该真正静下心去思考，什么是自己的独特优势，在哪里才能完全发挥这种优势？

第四章
在正确的时间,做正确的事

今天的字节跳动估值在 3000 亿美元左右,2021 年中概股环境较好的时候,老虎环球基金曾以 4600 亿美元的估值增持了字节跳动的股票。

在没有 BAT 撑腰,也不依赖过多的外部资源的情况下,字节跳动为何能够发展到今天这样的地步,成为一家全球性的超级独角兽公司?核心还是它早期选择了一条并没有被巨头们看上的赛道:算法推荐。

张一鸣很早就认为:在移动互联网飞速发展的情况下,面对层出不穷的 App 和信息,人们其实是有选择困难症的。在这种情况下,如果使用更智能和个性的自动化推荐,可以让用户体验变得更加友好。

也就是说,用户所看到的任何内容,都是大数据和算法根据特定用户画像推出的定制化内容,这也是人们刷抖音和头条会越来越上瘾的核心。因为数据比你本人还清楚你的喜好,并且它总是迎合你。

一家以算法推荐为核心的科技企业,没有内部编辑,却称自己为媒体公司。这在早期是不为外界认可、理解和接受的。但用户和市场很诚实,下班以后刷抖音成为日常。在国外,人们也沉迷于 TikTok 的世界。美国《纽约时报》记者 Taylor Lorenz 甚至发表过一篇文章，阐述了 TikTok 对美国新闻、活动、商业等方面产生的影响。

可以说，字节跳动创造了一条属于自己的护城河。在被外界询问是否接受腾讯投资时，张一鸣的表态是，自己创立今日头条并非为了成为腾讯的员工。此言一出，舆论哗然。在整个互联网圈都被 BAT 垄断，创业者以与 BAT 捆绑甚至卖身 BAT 为荣的现实情况下，这个年轻的创业者居然说出了这样一番异常大胆的言论。

但不得不承认的是，张一鸣有这样的底气。过去很多年，中国互联网商业模式都是"copy to china"。比如，搜狐模仿的对象是雅虎，淘宝是 eBay，滴滴是 Uber，美团是 Groupon。但字节跳动的模式却被国外创业者学习甚至复制。在这一点上，它令人尊重。

借鉴字节跳动的案例，创业者要学会逆向思考，不要看见什么火就做什么，哪里有热钱就去哪里。就像东南亚淘金一样，第一批人可能会真的盈利，后来去的人也许就成了媒体口中所说的"接盘侠"了。

当人们都开始谈论如何利用区块链炒币，或者都开始谈论如何杀入股票市场的时候，你觉得自己进去还有什么特别的机会吗？

世界在下沉，投资人去县城

我经常跟大家强调："要回到生你养你的地方去。"事实上，当下县城经济的发展就是在延续过去北上广深的发展路径。所以，县城经济大有作为。

比如，在五六线城市做烧饼生意，一个烧饼店大约20平方米，年租金3万元左右，两个人一个月10000元工资的情况下，再结合面粉等材料成本，每天固定成本不到450元，单个烧饼售价10~12元，一天卖出70个就可以保本。但实际情况下，这种低客单价，高出餐率的品类，每天起码100个打底。所以这个生意的空间其实很大。

当然做好这件事，一方面跟人有关，另一方面也跟地域有关。香酥鸡烧饼在江浙一带很有市场，但是可能去了四川，就要因地制宜。

举这个案例，还是在强调"以小博大"的重要性。事实上创业初期，我们就开启了农村包围城市的策略。刚开始是在海南岛，后面去威海，做到一定程度的时候，招商引资到安吉，最后再逐步将业务扩大到南京、上海，直至全球。

那时候威海选乳山，二手房只需要每平方米1600元，从上海浦东机场乘飞机过去只要1.5小时，蓝天白云，环境优美；2010年选浙江安吉鄣吴——诗书画印大家吴昌硕的故里，旅游之上又附增了文化属性，非常契合我们高净值人群的需求；之后在日本选择新潟，也是未被开发之地，从上海浦东机场乘飞机过去约2小时，天然的负氧离子，丰富的温泉资源，客户每次过去都流连忘返。

互联网人是这几年才意识到下沉市场的重要性。因为曾经他们看不上的那些下沉市场App，忽然增长到了令人不敢直视的程度：成立于2011年的快手，经过10年时间，已经坐拥5亿月活规模，2021年上市之时，估值近4000亿元；而拼多多，一家成立于2015年的公司，用了不到六七年时间，就发展到与京东等同一梯队。

以拼多多、快手为代表的下沉市场App的爆发，让巨头们感受到了巨大的竞争压力。淘宝推出淘特，还将聚划算、淘抢购和天天特卖等营销平台整合；而京东则推出便利店、京东帮服务站、京喜、芬香、京小哥、云店等多款应用来应对下沉市场的其他玩家。

第四章
在正确的时间,做正确的事

为什么巨头们纷纷进军下沉市场?原因非常简单:互联网的线上流量已经到了存量时代,流量昂贵、竞争激烈,已经很难再通过新鲜的玩法吸收新用户;对比之下,线下机会巨大,而在线下当中,那些之前未曾覆盖过的二三线城镇,更是蓝海市场。

QuestMobile 数据显示,截至 2022 年 4 月,下沉市场月活跃用户 6.92 亿,在整体中占比 58.4%。来自下沉市场的小镇青年正成为消费的主力军。这群人的特点是闲暇时间较多,更愿意把钱花在娱乐购物、直播打赏等各方面。

但就我来看,其实下沉并不是新鲜词汇。只是很多人没有亲身经历和实践,所以对于真正底层的商业缺乏洞察。我自己也是一路探索过来的。回想 2015 年到 2017 年,公司在上海发展,租了外滩边中山东二路的 SOHO 大楼的一整层,约 1200 平方米,租金加物业费成本一年达 753 万元。三年时间,仅租金和物业费就两千多万元。

其实如果我们认真思考的话,今天全中国知名的手机品牌,除了苹果、华为、OPPO、vivo 很早之前走的就是"农村包围城市"的道路。他们很多的线下渠道都铺到了三四线甚至五线的乡镇地区。从某种程度上来说,他们其实更了解真实的中国国情。

墙体广告公司"地平线传媒"十几年前就开始在农村刷墙打广告。2015年,"地平线传媒"成为行业内首家新三板上市公司。对于创始人文卫红而言,可能当时他并没有太多弯道超车的概念,但不知不觉之间,他也开拓了一个蓝海市场,并通过多年的努力,在市场中打造了公司的独特竞争优势。

人弃我取,弯道超车不是梦

我一直跟大家强调,在这个社会,精英毕竟是少数。大部分创业者都是普通人。在这种情况下,我们只能借力打力。在巨头看不到的地方发力,在别人看不见的市场奋进,才有可能真正形成自己的竞争优势。

比如,露营生意其实是有一定的市场。截至2021年,整个从事露营相关的公司有3800多家,露营加景区、露营加研学、露营加康养、露营加社交空间、露营加谈恋爱、露营加美食。因为投资小,你可以在农村租地,一年付几万元,再用抖音吸引一些流量,就可以开张了。

第四章
在正确的时间，做正确的事

简单算一笔账。一个人露营至少收费 1000 元，综合成本最多 200 元，一个月至少十次的情况下，收入也不会太少。这完全是低成本创业。

但选址非常重要。首先要有电，其次要有水。地址既要适当的小众，又不能过于荒郊野岭。最好是离北上广深比较近的一些周边地区。为什么浙江安吉能够成为露营天堂，因为 70% 的人会从上海去安吉。而且安吉除了竹林竹海还有松树，松树是天生的露营尤物，适合烧烤和野外生活。

再比如，乡村振兴也是弯道超车的创业方向。前提条件是度假屋的租金不高，旁边有农田，里面可以种果树，或者有可以挖泥鳅的池塘等，总而言之就是可以体验农耕文化。如果能把田园产品嫁接到旅游市场，并且再加上一些特色古迹或者文化元素，将会更出彩。

我在抖音中反复跟大家强调："要回到生你养你的地方去。"为什么？因为大城市的市场已经属于红海，而在生你养你的地方，其实还潜藏着非常多的商业机会。

不要看不上那些所谓的"穷乡僻壤"。我们要做的就是找到那些当下被低估价值的洼地，并且将其放大。全球投资大师邓普顿最擅长逆势投资。他的座右铭是:"牛市在悲观时诞生,猜疑中成长,乐观时成熟,亢奋中完结。""市场最悲观时就是买入的最佳时间,市场最乐观时就是最佳的卖出时间。"

在投资过程中,邓普顿从不随波逐流。他擅长在全球范围内观察,在那些廉价的股票中找到优质且有潜力的股票,然后一击即中。

第二次世界大战结束以后,日本经济陷入低迷状态。当时外界对战败国日本存在负面看法,日本一时间也出现了很多低价股票。但邓普顿却从中看到了机会。20世纪60年代初,日本对外国投资者资金限制解除的消息传出后,邓普顿立刻将钱投入到了日本股市。此后几十年间,其所持的基金一直陪伴着日本股市的成长,基金也赚得盆满钵满。

优秀的创业者或投资者都敢于乘风破浪,发出不同的声音。他们习惯了在噪声中保持冷静思考,在逆势中看到合适机会。对于这些人而言,最关键的问题并不在于价值分析或商业判断,而是在所有人都持怀疑态度或充满情绪和噪声时,依然坚守自己的选择和判断。

从本质上来说,创业投资是非常孤独的事情。我们在做任何一个战略动作的时候,都可能听到反对的声音。但很多时候,这个世界的真理是掌握在少数人手中的。而我们要做的,除了要有足够强的行动力,无非就是给自己足够多的信心、勇气、时间和耐心,等待自己精心培育的树苗最终长成参天大树。

降维打击,成功概率更高

原来在北上广深做区块链、写代码、做房地产销售和广告营销的精英们纷纷回到了生他们养他们的县城去了。与精英们一起回流的,还有大城市打拼多年所积累下的实战经验,所有这些都为县城带来产业的快速更新。比如,山海大小姐炭火饼的成功就是由于将标准化与下沉轻餐饮完美地结合起来。选址是开店最重要的一步,而传统县城轻餐饮的线下选址是毫无头绪且没有方法论的。精英回流县城,带回去了标准化的选址方案:选择靠近古茗、蜜雪冰城之类自带流量的店铺附近,并且对于成本与人工控制严格。对于线上的销售,山海大小姐烧饼更是不局限于饿了么和美团,而是主推抖音版的本地生活,同时从公司层面由上向下导入巨大流量。这些降维打击的方法论无疑使之成功率大大提高（见图4-3）。

图4-3　降维打击使成功概率更高

这种精英回流县城的降维打击，无异于让不同重量级的拳手在进行对抗。在绝对实力面前，再多的技巧都是徒劳。

二房东这门生意还能不能做

前段时间有粉丝在抖音上向我咨询二房东的生意还能不能做。过去野蛮生长的时代，二房东确实依靠信息不对称赚了不少钱。但是今天，并不建议大家考虑这一方向。

这是因为形势使然。前有蛋壳暴雷，后有自如大规模清退房客并解约业主的新闻，即便有资本加持，这门生意都已经不再好做，更何况是那些无根飘零的散客房东呢？

在野蛮生长的时代，二房东"躺着赚钱"

最早为什么会产生二房东的市场？核心原因是它在早期解决了业主与租客的双边需求。对业主而言，他们直接出租房屋，没有时间也没有精力，更重要的是没有售后服务的解决能力。而且业主一般都希望能够整租，减少自己的麻烦。

对于房客而言，他们刚来到一座大城市，需求就是单间，而非整租。这些房客往往是刚刚毕业的大学生，或者是经济基础相对一般的职场打工人。他们更在意的是如何租到性价比相对高的单间。鉴于两者的需求不匹配，二房东的角色应运而生。

十年前，这是一个非常赚钱且没有任何门槛的行业。在当时，只要他们手里握有一定资金，愿意去找业主拿到房源，就可以很快速地迈入挣钱的轨道。

房子最好是毛坯房，几千元简单装修一下，把客厅主卧打下隔断，去当地的家具建材市场花几百元买一些二手家具。不到一个月时间，这些分隔开的小房间就可以发布在各大平台招揽客户了。

我原来有个朋友在广东深圳做房地产中介很多年。时值房地产行业红利期，他认为这是可以吃一辈子的饭碗。结果偶然间他认识了做二房东的人，发现这个行业极其简单，赚钱容易。于是，他转行开始做二房东，没想到一年下来轻轻松松就有百万收入。

这个行业不需要太多的资金和技术门槛。大部分时候二房东做的都是一些基础零碎的杂活，如装修翻新、配置家具、联系客户等。甚至在野蛮生长的时候，很多人都不会去真的做售后服务，如维修电器等。

所以，很多人对"二房东"的印象并不好。因为鱼龙混杂的时期，有很多二房东给租客带来了极其不好的体验。这些二房东可能本来就没什么文化水平，但是在赚钱和售后服务上，却非常有自己的想法：他们可能会通过合同违约金收取更多费用，也可能每月多收一些水电费和网费，更有甚者还会无故多出清洁费、服务管理费等各类费用。简而言之，这些人是没有任何契约精神的。所以跟他们打交道，吃亏的往往是租户。

深圳是一座移民城市，总数超 1000 万人。80% 以上都是外来人口。这部分人口的租房需求非常旺盛。为了节省成本，深圳当地很多二房东会将地址选择在城中村区域。因为这里房租成本相对较低，与业主签约一般 5~10 年，以避免业主后续涨价。

对于刚毕业或进入职场的打工人而言，他们刚刚踏入社会的月薪可能在四五千元左右，开始考虑租房的时候，最正规的渠道就是链家，而链家往往是押一付三的整租模式，再加上一个月的中介费，租一套房的价格大概在 20000 元左右。最后往往城中村成为首选。即便隔音不好，人员嘈杂，装修简陋，还要时常忍受外部环境的脏乱，但这是他们立足城市的第一站。

新型二房东的崛起也未能挽救颓势

近几年,在资本的助推下,出现了蛋壳、自如等新型的二房东平台。在成立初期,这些平台确实也解决了不少年轻人的租住问题,但随着市场行情的发展,尤其是近年来经济形势的下滑,这些公司突然发现前期垫付的账款很难收回。于是蛋壳暴雷、自如裁员等负面新闻频频显现。

海外长租公寓第一股——蛋壳公寓,前脚刚踏入美国纳斯达克的大门,后脚就被传出租户、房东等集体维权的新闻。

关于这家公司,我们内部有员工体验过。在上海,12平方米左右,月租金在3000元以上。第一眼看上去房间很清新、很舒适,虽然小,但床铺包括环境都要比群租房好很多,所以这位员工还是毫不犹豫地选择了这家公寓。

但是住了不到半年以后,这位员工跟我说他住不下去了,因为房东没有收到蛋壳的付款,简单粗暴地收回了房屋。收到房东贴在门上的强制退租纸条以后,他默默住了一个月酒店。维权是很难了,现在,他还要继续偿还蛋壳公寓上押一付一的贷款。

贷款模式解决了平台现金流的问题。一方面，企业承诺用高于市场平均水平的租金来获取房东的房源；另一方面，他们又对年轻的租客说可以押一付一——前提是，要签上按月还款的租金贷款协议。很多时候，这些年轻的租客是在毫不知情的情况下，签订了年化高达10%的贷款协议。而这笔贷款来自微众银行，公司却借此获得了巨大的现金池。

"长收短付"，在市场行情好的时候不会轻易出现问题。一旦遇到不可抗力，如空房率增高或房客付不起租金等情况时，就会很快面临资金链断裂的风险。公开财报数据显示，蛋壳在2017年至2020年年初，累计净亏损超63亿元。2022年1月，蛋壳公寓关联公司青梧桐还被执行超1969万元罚款。

如果让我来选择，我是一开始就不会考虑这种商业模式的，因为初期就存在非常严重的风险。蛋壳等长租公寓企业，是通过与房东签订合同，再对房源进行重成本改造租给用户，从中赚取差价的。它们需要不断地将其收到的租金再投入到收房源和装修当中。和群租房相比，成本太高，模式太重。

当然，另一家龙头企业自如的创始人熊林可能也没有预料到今天的情况。这家公司最早的初心，是希望能够打破混乱无序的二房东市场，为年轻人提供更优质的租住体验。"你看他天天喝着星巴克，穿着光鲜，回去住在乱糟糟的房子里面。"熊林希望能够改变这一现状，所以在2011年，他成立了自如公司。自如最早是链家内部孵化的项目，所以在资金包括资源等诸多层面，都比创业公司要有优势。

但问题在于，自如的交付模式较重。公司要和业主签订3~5年的合同，公司要负责装修和家具、家电配置。相比原有的群租房，他们的"N+1"模式只能将客厅改造为单间卧室。此外，家具是自如自己购买并提供给租户的，售后也由专门的线下团队负责。这确实在一定程度上提升了产品品质。所以自如成立初期，受到了不少用户群体的欢迎。

这是一个非常漫长的生意。因为自如将每一个环节都承包给了自身。他们甚至曾经对外表示，在与业主签合同的第一个合同期，都不考虑盈利问题。而这个阶段所有的付出，都只能依靠链家总部输血，包括自如的外部融资。

据了解，包括管家、维修人员、搬家人员在内，自如早期的线下团队高达七八千人。线下的服务链条过长过重，是自如非常大的潜在问题；此外，如果业主在第二个合同期没有续约，那么自如前期的投入也就相当于打了水漂。

在整体大环境不好的情况下，自如的前期垫资会遭遇一定风险。此外，他们在线下的投入过重，实则没有必要。也是基于这些内外部因素，自如开启了裁员计划。据媒体报道，裁员比例约为20%，涵盖互联网营销、运营管理、品质等部门。

房地产时代已经落幕，二房东更不能做

前段时间在抖音咨询我的朋友，已经做了多年的房地产，目前在杭州滨江做二房东项目。2021年一整年还能有七八十万元的收入，现在就感觉像"跳了火坑"，骑虎难下。我当时给他的建议就是慢慢收缩。而且行业本身没有太大的技术含量，对个人也没有太多认知上的提升，不如趁早放弃。

二房东的本质是什么？它的本质是将别人的房源承包，再分割成一些小的单位出租。经济形势好的时候完全没有问题；经济形势差的时候，就需要非常慎重了。首先

客户越来越少,其次当下时代的信息越来越透明。一套30000元的房子,你租40000元,已经没人接盘了。

最重要的一点,二房东的商业模式本身没有满足我的三高一低理论。前期需要垫资,算不算高成本?现在的情况下,刚需和倍率也不高。此外,这种模式还很难保证完全良好的复购率。所以这个模式崩盘是早晚的事情。

那为什么前些年群租房生意那么赚钱?主要还是因为信息差。当时市场处于一个非常早期的阶段,这个阶段的红利被一些人看到了,于是在各种不透明的情况下,用户只能任人宰割。

但是伴随着蛋壳、自如一众房地产公司的加入,伴随着市场越来越公开透明,用户也开始有了基础的分辨能力。试问在这个时候,一个脚蹬三轮车,还不停索要管理费的二房东,还能有什么竞争壁垒?

至于为什么这几年很多房地产公司都切入长租公寓赛道?比如,万科推出"泊寓"品牌;龙湖推出"冠寓"品牌;保利、绿城、金地、旭辉也都陆续开始进入长租公寓领域。核心还是因为房地产行业的红利不复存在,他们需要多元化的转型才能挽救原有业务。

长租公寓只是他们多元化转型的手段之一。碧桂园这几年布局了物业、教育领域；万科布局了物流、度假；金地布局了体育、家装；正荣布局了医疗、康养；融创中国则是直接将眼光投入到了旅游和文化领域，多数都跟房地产关系不大。

而且即便推出长租公寓项目，现在的长租公寓也都不是纯粹依靠房地产本身赚钱。近几年这些品牌都在加速资产证券化过程，陆续推出 ABS 产品。比如，此前自如成立"中信证券·自如1号房租分期信托受益权资产支持专项计划"，新派成立"新派公寓权益型房托资产支持专项计划"，募集资金总金额达 2.7 亿元。

资产证券化的好处在于能够加快资金回收、提高资金的使用效率。但坏处也非常明显，比如一旦资金链出现问题，过度金融化的项目就很容易崩盘，也很容易牵扯到法律风险。此前美股上市的蛋壳公寓，就是一个非常经典的案例。

所以我不建议大家再去看房地产行业的相关机会。因为房地产的时代早已经一去不返。上游都大势已去，下游就更不应该存在任何的侥幸心理。所以现在跟房地产有关的投资项目，我都持比较谨慎的态度（见表 4-1）。

表 4-1 二房东生意的发展

阶段	现象	原因
早期：野蛮生长	群租房为主，个体户居多	①信息不对称 ②行业早期红利
中期：正规军加入	自如、蛋壳等创业公司，房地产企业如万科等	①长租短付模式 ②金融证券化风险
末期：二房东生意不宜再做	群租房模式不再吸引用户，新型正规军频出暴雷新闻	①房地产红利不再，下游也受影响 ②不符合"三高一低"原则 ③经济大环境影响

在今天这样一个时代，轻资产的模式相对更有回旋空间。万达在发布的 2021 年开业计划中，也将"轻资产"作为关键词提出。所谓"轻资产"战略，指的是万达不出资金和土地，只输出品牌，赚服务的钱。在资本寒冬的情况下，借由轻资产模式，万达抄底了不少正处于低谷期的商业地产。

但抄底的本事，不是普通人可以尝试的。对于普通人而言，我们最应该关注的是当下的流量红利在哪里，如何低成本地创业，获得更好的现金流或利润。低成本、轻资产、高倍率、高刚需，才是未来最好的创业方向。

年轻人需要精神寄托，
新消费有大未来

"只要赚钱的事情都不低端"，在我准备投资"山海大小姐炭火饼"的时候，公司管理层发出一致的声音。从上亿元投资宁夏山屿海足球队到几元一个的小烧饼，世俗眼光下是生意越做越下沉，却忽略了小烧饼背后"新消费"市场的巨大潜力。在流量为王的时代背景下，轻餐饮与互联网形成了完美结合。

根据《2020年中国消费市场发展报告》的定义，新消费更强调以消费者为中心，注重掌握、了解和预测用户的需求。其中包含美妆、茶饮、露营等多类型赛道。在房产、科技等赛道低迷的当下，新消费确实也是为数不多的可投资的赛道之一了。

近两年，新消费赛道正以一股不可逆的趋势崛起，相关融资事件不绝如缕。据联商网零售研究中心不完全统计，仅2022年上半年，新消费领域就发生了469起融资事件，融资总金额近320亿元。

新消费为什么火爆

成立于 2016 年的元气森林,在 4 年时间里销售额超过 25 亿元,数轮融资背后是淡马锡、红杉中国、华平资本等一线机构,如今估值在百亿美元以上;同年上线的喜茶,投后估值 600 亿元,媒体报道称有港股上市的计划。

简单的茶饮企业,短短几年就有如此高的估值,甚至高过一些硬科技企业,理论上是不合逻辑的,毫无疑问这其中有虚火的存在。从投资角度分析,过去一级市场可以投的互联网项目都投过了,伴随着互联网和整体创投环境的冷淡,现如今留给他们的机会本身就不多,而且一级市场追求短期时间内的高效回报,消费恰好可以满足这一点,这也是这么多投资人会争先恐后投资消费类项目的原因之一。

另一个很重要的原因在于,过去很多的国外消费品牌都是"中国制造"。但其真正的源头制造商大多来自籍籍无名的中国代工厂。也正是由于这么长时间的打磨,整个国内消费市场的后端供应链体系变得完整而成熟。产品质量高、成本低,为今天的新消费创业提供了恰如其分的土壤。

第四章
在正确的时间，做正确的事

当下，很多新消费赛道的创业者只需要在产品设计、包装和营销等层面做一些创新和改革，再贴上与众不同的商标，讲一个好故事，就试图去一级市场寻找融资。由于投资者与创业者有着双向的供求关系，所以不乏少数幸运儿在短短几年时间内就能获得资本加持，从而飞速扩展。但这个行业还处于早期状态，泥沙俱下，泡沫很多，未来还需要经过更多的时间考验。真正有护城河的公司才能够从中脱颖而出。

比如，完美日记这样的美妆品牌，最开始是在小红书等平台打出了自己的名片，也在关键节点操盘了一些品牌事件，为外界所知晓，并在资本的助推下，快速在美国纽约证券交易所上市。但二级市场认为，其在营销方面投入过多，产品研发层面投入较少，所以上市以后股价腰斩。现如今，完美日记的策略就是在产品端更多发力，开发更多的产品线，以补齐短板。所以，到底是先慢再快，还是先快再慢，最终都是要在一个赛道上去完成竞争的。

不过整体而言，这不影响我对未来国内消费市场的判断。中国有如此巨大的人口和流量红利，和发达国家相比，消费潜力巨大，这是不争的事实。2021年数据显示，中国居民平均消费率不到40%，明显低于国际上发展水平相近的国家。摩根士丹利于 2021 年 1 月 26 日发布了一份名为《消费 2030："服务"至上》的报告，报告称，到 2030 年，中国的消费格局将发生巨大变革。未来十年，中国将超越美国成为全球第一大消费国。

其中需要注意的是，消费者价值观的细微变化。

以往中国的消费者更倾向于为外在买单，包括购买一些高端产品（如奢侈品）来彰显自我价值，或者存钱买车买房，当成是一种投资；近几年由于整体经济形势的变化，包括黑天鹅事件的频繁发生，人们的消费心理产生了变化。现在人们更愿意"活在当下"。买房会缩水，投资会贬值，当下的快感，尤其是精神层面的愉悦，才是最真实的。所以，露营这类新鲜有趣的体验性项目兴起，背后潜藏的是中国消费者心理的细微转变。

就国内整体形势而言，消费和内循环在一定程度上带动了经济增长。所以，从政策角度来看，消费也是大势所趋。

简而言之，天时地利人和。一级市场投资机会减少、国内后端供应链成熟，国内消费市场有巨大潜力、政府利好，都让新消费有了萌芽的种子，如图 4-4 所示。

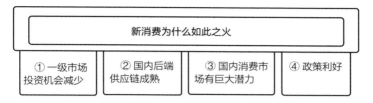

图4-4 新消费萌芽的原因

新消费的本质是情感寄托

忽如一夜春风来,满街都是奶茶店。不知道从什么时候开始,人手一杯奶茶成了标配,走在沿街的马路上,茶颜悦色不到十米,旁边可能就是奈雪的茶和古茗。

年轻人为什么乐此不疲地购买奶茶,沉迷于新消费项目,这其中不乏情感寄托和社交的原因。"靠奶茶续命"成为年轻人的口头禅。在工作感觉到压力、公司团建庆祝时,无论是正面还是负面的情绪,奶茶都可以作为宣泄和表达的一种出口。此外,奶茶已经逐渐演变为一种社交工具,聚餐时顺便点上奶茶是标配,一起点评下最新开的奶茶店也成了茶余饭后的话题。甚至有很多人会专门在奶茶店门口排队几十分钟,就为买一杯网红奶茶,发布状态到社交平台。

另一方面,奶茶也满足了人们对多巴胺分泌所带来的快感的需求。为什么奶茶会有高复购？因为年轻人频繁购买的不只是奶茶，更是其背后的多巴胺快感。此外，奶茶还含有咖啡因成分。咖啡也好，红酒也罢，都是人类这么多年以来一直上瘾的产品。人的天性就是容易对多巴胺上瘾，奶茶的存在很好地满足了这一点。

从三高一低的角度来分析产品，除了上面提到的高复购，奶茶的工艺成本极低。一杯 15 元左右的奶茶，成本可能在 2~3 元，利润率高达 80% 以上。不但成本低，创业的门槛也相对较低，这也正是奶茶店层出不穷的原因之一。满足了高复购、高倍率和低成本的前提下，奶茶又被社会层面和资本层面所影响，被制造成了一种高刚需。这样一款产品，可以说是绝佳的新消费出口了。

新消费的本质是情感寄托，商品也由此产生了更多的溢价，即使有时不符合市场规律。比如之前很火的"炒鞋风波"，其中最有名的一个品牌叫"闪电倒钩"，由藤原浩与 Travis Scott 多方联合打造，自推出市场以后多次因为高昂的价格而频上热搜。最夸张的一次，原价 1699 元的球鞋，不到一个月时间被炒到了 20000 元左右，最高甚至到 69999 元。

在社交媒体上，年轻人以拥有这样一双球鞋为荣，他

第四章 在正确的时间，做正确的事

们也经常会为这样的照片转发、点赞、收藏。炒鞋的背后，实则是年轻人希望通过新消费去表达和彰显自我的一种方式。李宁这样的民族品牌也没有逃过炒鞋风波的影响，一双原价1499元的李宁球鞋，一度涨幅高达几十倍之多。本是日常穿的鞋子，现在在年轻人眼里俨然超出了其正常使用功能。

看起来不可思议，但就是有很多人愿意买单。从产品角度来看，球鞋是用来穿而不是用来炒的。但从附加属性来看，年轻人能够以很高价格拍下一双别人拿不下的球鞋，就会对自己产生一种非常强烈的身份认同。潮鞋对他们而言不仅仅是实用性而已，在拍照上传社交媒体的一瞬间，他们得到了更多的情感认同："我很潮，我很酷，我能够拿得出这么多钱去抢到一双别人抢不到的鞋。"这种由消费产生的心理快感，已经不是纯粹的对于产品本身的消费，更多是为情绪寄托买单，如图4-5所示。

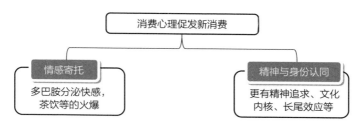

图4-5 消费心理促发新消费

新消费赛道的哪些项目是可做的

相比茶饮类已经内卷厉害的消费项目，我更看好体验类包括有文化内核作为支撑的项目，如露营和徒步。它们相对而言竞争没那么激烈，也更加健康，更具长尾效应，符合体育强国的大趋势。

比如，徒步和露营这类新奇体验项目，完全满足了当下年轻人内心的需求。在当下，年轻人急切地需要一场徒步或露营来治愈自我。"徒步解决了我的精神内耗"，类似这样的字眼在社交媒体平台上层出不穷。显然，徒步已经成为当下年轻人精神寄托的一种形式。

前不久，健身达人张钧甯在社交媒体平台专门发布了一段名为《陪自己徒步》的短片，将绝美的户外风景和自己徒步的心路历程展现在消费者面前，引得各大社交媒体上的网友广泛转发。"徒步不会给你答案，而是让你忘了问题。"这样的品牌宣传语所传递的精神内涵在于，人们更希望在这个喧嚣的世界中回归内心，和自己、和大自然在一起。

第四章
在正确的时间,做正确的事

露营项目爆火的本质逻辑也是一样,疲惫的都市人群需要一个空旷的地方去仰望星空。由于近几年的环境因素影响,人们很难轻易辗转到各地旅行,而露营这种户外的简约生活方式,一定程度上填补了旅行需求,同时又有益身心健康。

近两年国内露营相关企业注册总量持续猛涨。"嗨King 野奢营地"、挪客 Naturehike 等企业纷纷获得融资。根据艾媒研究院所发布的数据,2021 年露营营地市场规模达 299 亿元,增长率达 78%。

露营项目的成本较低,30 万~100 万元的投入,3~6 个月就可以回本,利润率更是高达 80% 以上。引得一众创业者乘势而入。露营项目的核心在于强运营,用以支撑更好的用户体验,从而带来更高的复购。为什么浙江安吉能够成为露营天堂?因为安吉地理位置优越。乘高铁由杭州至安吉需 34 分钟,上海至安吉也有直达高铁。此外,安吉还拥有松林竹海,天然适合烧烤等野外活动。

此外,有文化内核的消费类项目,如典型国产美妆品牌花西子,既结合了东方神韵的内涵,同时又有一定的产品和品牌力,也是值得关注的对象。这家美妆品牌在短短三年时间达到了 30 亿元的 GMV,到了 2021 年,更是突破了 54 亿元。其背后核心是：讲好了一个有中国古典文化色彩的故事。早在 2018 年的时候，彩妆市场是没有中国风格的品牌出现的，即便有，也很少能够凸显自身的文化特性。而花西子正是结合了这两点，才最终使自己在一众品牌中脱颖而出。

花西子的品牌理念是"以花养妆"。早期创始人之所以会提出这样的理念，其实是借鉴古人利用花卉来修饰自身的历史。具体到产品层面，团队会复刻一些古方口红或眉笔，同时为它们取上相对文雅古典的名字。在设计和包装层面，尽量使用牡丹、微雕等传统文化元素。营销方式上，则是有意识地与民族或地域属性结合，如推出"苗族印象""西湖印象"等。所有这些具备东方文化属性的元素，都让国内的女性消费群体在购买时获得了强烈的身份认同和民族自豪感，也让国外的消费者感受到中国传统文化的魅力。基于精神文化内核的消费，自动引发了口碑的传播。

主打国产美妆的品牌很多，为什么花西子能够一骑绝尘？核心在于它的各方面都没有短板。从产品理念到营销打法，最重要的是专利技术的研发。截至 2022 年 2 月 21 日，花西子母公司已获得和进入实质审查的专利有 123

项，其中实用新型专利有 19 项，发明专利有 37 项。如今的花西子，已经不再只是一家纯粹基于国内的美妆公司，旗下产品已覆盖英国、澳大利亚、北美和日本等多个国家。2022 年 7 月 27 日，凯度联合谷歌，在调研了澳大利亚、巴西、法国等 11 个市场超过 117 万名消费者以后，评选出了全球化成长明星榜单 20 强，花西子品牌赫然于列。

总体来讲，文化内核型项目，包括一些体验性的消费类项目，都是在通过产品传递个性化精神表达，从而与消费者产生更为深刻的链接，通过更好地跟用户产生共鸣，将自身理念深刻地植入客户的心智中去，建立品牌信任，从而长期提升产品的复购率。

资本市场认为，时间越长，价格越会回归价值。所以在长的时间跨度内，有精神内核的消费项目才更有机会积累品牌价值，并由此争取到市场的议价权和话语权。人们的情感和精神需要多层面的寄托，新消费有大未来。

第五章

抛弃幻象,回归商业本质

商业要回归盈利本质

每日优鲜最近被曝出破产新闻,我一点都不感到意外。两年以前,这还是一家被众人追捧的明星公司。但是生鲜电商重资产、高成本的模式,不符合我一直提倡的三高一低原则。这种商业模式只能通过不断占取市场份额,才能最终获得议价权。长期亏损且靠熬死对手才能存活的商业模式,在我看来是伪商业。

这背后也有资本的助推。可以说那是一个"蒙眼狂奔"的时代,人们期望轻松拿到上千万融资,甚至很多创业者的初心就不是为了成立一家有价值的公司,而是指望通过找到接盘侠,卖身于BAT这样的大公司。这完全不符合商业常识。

正所谓浪潮褪去,才知道谁在裸泳。今天的商业世界,已经在逐步回归理性。而商业的本质是什么?这么多年来其实一直没有变过,它首先得是一个可长期盈利的、绿色的、可持续的发展模式。简单来说,三高一低:高刚需、高复购、高倍率、低成本,如图5-1所示。

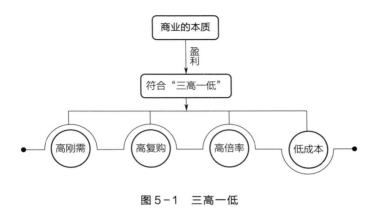

图 5-1 三高一低

商业不配谈浪漫

一个民宿的起盘,往往是一场转让的开始。

为什么那些民宿连年亏损,开了又关?本质就在于,很多人在开始创业的时候,是完全不具备商业思维的。他们只是单纯地认为,咖啡厅看起来很有格调,能代表自己的品位和姿态;或者民宿看起来非常美好,代表诗和远方。然后,他们就一腔热情地开始了。

记得原来有个同事,在民宿生意上投资了 197 万元。六个月时间,血本无归,结果还无法转让。还有一些以前在义乌国际商贸城的朋友,小有资产以后考虑投资,去了一趟云南丽江,回来以后就铁了心要做民宿,然后也走上了这条不归路。

据我所知，在云南丽江、大理投资民宿的很多人，基本都血本无归。明星李亚鹏斥巨资，在丽江打造了一个雪山小镇，结果现在杂草丛生、空无一人。李亚鹏不仅因此亏损，还被起诉，案件至今仍未终结。

核心原因就在于，他们并没有做生意的思维。首先，企业家需要思考这件事情在当下这个形势是否可行。其次，企业家需要思考自己的核心护城河在哪里。也就是说，在那么多有格调的民宿里，为什么用户偏偏选择你？

很多人说自己有不少朋友，实在不行就让他们多多捧场。但是，第一，没有人会天天有时间给你捧场；第二，真正把生意做好的人，都不是靠熟人的。一定是商业模式本身可行，生意才可能完成闭环，才能发展并驶入快车道。

真正做过生意的人都知道，做生意是一件很苦很累的事情，没什么格调可言。所谓的诗和远方，那是作为消费者可以去期待的事情。作为创业者或企业家，你必须把自己的姿态放平，面对咖啡厅、民宿这样的生意，可能你每天要做的都是打杂、客户接待、人员管理等非常琐碎和辛苦的事情。在创业初期，你要做好一个人成为一支军队的打算。

心态问题是第一点。第二点是我们要回归到商业本身。民宿的问题，除了淡旺季太明显这一短板（旅游行业都存在），还有规模不经济的问题。很多民宿只有10间房左右，配备的人员包括租赁成本却很高。最后，民宿同质化严重，如果没有强品牌获客，亏损很难避免。

从三高一低原则来看，这几门生意都有共同点：不是高刚需，也不是高倍率，更不是低成本。不是我眼中好的商业模式。我们可以基于SWOT分析来解析民宿（见表5-1）。

表5-1 关于民宿的SWOT分析

S（优势）：旅游资源丰富的地区，能带动民宿发展，使用户更好地体验当地文化	W（劣势）：淡旺季明显；成本不可控；交通便利性待考虑；等等
O（机遇）：乡村振兴是国家级战略，围绕这一战略，有品牌的民宿其实有非常多的发展机会	T（挑战）：产品同质化严重；品牌认知不足；线上线下流量获取成本高

商业模式决定了公司未来的走向。所以我建议，创业者千万不要因为一些不切实际的梦想去创业，也不要因为道听途说的消息而创业。我去过他们那些店铺，品牌看起

来很有格调，装饰也确实引人注目，但最大的问题就是没什么客流量，也没有品牌溢价。

很多朋友做民宿都亏了两三年了，还依然开着。我对此不能理解。既然已经有数据和结果证明这是一条错误的道路，为什么不能及时止损？可能他们会说自己付出了心血，有感情，舍不得。在商业上，这叫沉没成本。我的建议是，长痛不如短痛。如果持续亏损，趁早放弃，这是最好的选择。

"真正的难题不是拥有伟大的梦想，而是你在半夜一身冷汗地惊醒时发现，梦想变成了一场噩梦。"本·霍洛维茨在《创业维艰》一书中这样写道。

对创业公司而言，最重要的是活下去

在这个时代，很多人只会跟你说梦想，而对现实避而不谈。梦想是空中楼阁，底层是现实基础。回归商业本身，任何不以盈利为目的的商业模式，本质都是"不务正业"。

硅谷创投教父、PayPal创始人彼得·蒂尔写过一本书,叫《从 0 到 1》,被中外创业者奉为圭臬。书中就提到我所说的这个概念,或者说这个基本命题:"企业的目的就是盈利,不是赔钱。"

书中提到了几个观点,与我本人这些年创业的一些思考不谋而合。彼得·蒂尔认为:创业者不应该沉溺在宏大的愿景中,要慢慢去改变世界;要在创业过程中保持灵活。灵活的意思是,不事事都严格规划,要给自己留有余地。"反复实践,把创业当成未知的实验。"

最可怕的事情是很多创业公司,虽没到大公司的量级,却患上了大公司的"病",制定了一系列条框和规定,自我感觉良好,却不知道重点在哪里。一个创业公司,早期最重要的事情就是活下来。在这个时候,甚至连赛道都可以随时调整。我在早期招聘销售岗位人员的时候,只考核业绩这一核心指标,只要可以出成绩,没有固定坐班时间,没有做六休一。

如今市值近 3 万亿元的港股之王腾讯,早期其实做过很多与主业无关的业务,最艰难的时候还想过把 ICQ（QQ 前身）以 50 万元的价格卖出去。只不过无人问津。后期,腾讯不断探索,商业模式才逐渐稳定下来。

创业过程中的不确定性实在太多了。典型案例有来自教育行业的领军企业新东方。由于此前的政策影响,上市公司新东方创始人俞敏洪再一次面临重大危机。

他的策略是开辟"东方甄选"直播账号,同期建立一些细分账号,如东方甄选之3C、东方甄选之时尚穿搭等。迄今为止,这套直播带货战略不仅捧红了董宇辉这样的内部员工,也让公司在一定程度上缓解了现金流问题。

前不久,俞敏洪还和搜狐的张朝阳联动,开启《星空下的对话》这样长达6小时的全流程直播,从人文经典谈到物理和宇宙,高密度的知识输出又一次引领了舆论风潮。可以说,这又一次引领了舆论风潮,流量和热度更是不在话下。

古语有云:"易,穷则变,变则通,通则久。"尤其是自今天这样一个变化速度如此之快的商业世界,我们都应该像俞敏洪这样的创业者学习,主动求变,顺势而为。

90%的创业者没有资格说品牌

很多朋友经常咨询我,公司要不要做品牌?怎么做品牌?我的建议就是,创业公司早期真的不要考虑这件事情。

从商业角度来说,一家公司重要的是产品力、销售力和品牌力。但品牌力是建立在产品力和销售力基础之上的。现在做品牌,无论是投放小红书、公众号还是抖音矩阵,动辄上千万元。试问中小企业哪里有这样的资本去做这件事?

山屿海是2008年成立的一家康养企业,2015年上的新三板。此后,我的心态就有点浮躁,希望尽快把影响力做起来。为了建设品牌,当时我甚至在宁夏银川买了个足球队,叫"宁夏山屿海"。三年时间,公司投入了8500万元在足球队上。

很多人确实也因此知道了我们的名字。但事实是他们并没有转化成用户。事后我反思,作为一家年收过亿的中小型公司,我们其实是没有资格做足球队的。不光是球员管理问题,更多在于这件事情的投入产出比很低。

即便我们今天在品牌建设上已经花费了上亿元的成本,山屿海依然还只是康养领域的一个知名品牌。所以你今天问我,要不要做品牌?我的个人想法是,看目的。比如，你现在做早餐生意，勤劳一点就能挣钱，本身不需要品牌打造，那我认为小富即安就可以了。

但如果你已经有一家非常有实力的公司，又有出圈需求，或者你所在的细分赛道没有品牌、没有溢价，那么品牌的建设可能就比较重要了。尤其是在很多线上的互联网行业，我们知道他们一年在品牌上面的花费都在上亿元。

包括今天我一直提到的抖音个人 IP，其实这也是一种轻成本的品牌运营方式。参考一下国外的马斯克，他是 Twitter 大 V，自带主角光环。可以说特斯拉品牌的很多溢价都来自创始人本身。特斯拉在市场宣传上投入了很多钱吗？据我所知并没有，但无论在品牌知名度，还是客户购买意向，大家都愿意为马斯克的公司买单。这就是品牌溢价。

所以，不要为了做品牌而做品牌。建立品牌，最终是要有商业价值。什么是商业价值？商业价值就是能够转化、能够交易、能够变现的价值。

另外很重要的一点是，马斯克把钱更多地花在了产品和研发展面。从商业角度而言，一家公司的产品力、研发能力足够强的时候，其所形成的科技壁垒已经强大到可以掌握行业话语权了，拉动品牌宣传只是附带的作用。也就是说，如果你本来是一家产品不行的公司，想仅仅依靠品牌反败为胜，完完全全是南辕北辙。

这种情况并不少见。过往很多收智商税、光靠营销而不靠产品的企业，尽管短期内可以获得一些用户和收益，但是，人们很快就会发现它们的问题。"群众的眼睛是雪亮的。"人们可以被你欺骗一时，但不会一直被你欺骗。实力配不上品牌的最后结果，要么是估值下跌，要么是直接退市，当然也有一些逐渐消失于商业世界。

核心还是一句话：做人也好，做企业也罢，都要抛弃那些虚伪的外壳，扎实打内功。因为品牌是给外人看的面子。我们第一步要做的是里子，也就是生存、盈利，让企业产生商业价值。有了商业价值，我们再来谈社会价值，即发展问题。

很多人理不清顺序，在自身实力还不够的时候，偏偏要做和内功无关的事情。为什么近几年很流行一句话叫"前几年靠运气赚的钱，近几年靠实力亏了"，核心原因还是内功不到位吗？所谓"德不配位，必有灾殃"。

2012—2017年的所谓天使轮、A轮、B轮、C轮到

2022 的今天变为没有轮。不要再去跟大家讲那么多天花乱坠的故事了。以前市场行情好,泡沫多的时候,资本市场和散户还可以买单。现在,大家都捂紧了钱包,情怀和故事更是无人愿意再听。只有让企业真正盈利,并带动员工共同富裕,对社会产生更多的价值,才是真正的情怀。

商业世界不存在价廉物美

创业这么多年,走南闯北,我从未见识过真正物美价廉的情况。所谓的"性价比",更多时候只是商家的一种营销手段或噱头。一分价钱一分货是商业世界中最底层的逻辑。

举个最简单的例子。我在浙北所住的居所的物业费是一年 4000 元,同样的面积在上海佘山我住的居所要 50000 元。但上海物业的保安全部是退伍军人,人均身高在 175 厘米以上,逢人就敬礼。而在浙北小区的物业,不但保安室烟雾腾腾,保安对待业主也不是很有礼貌。两者感受完全不同。

性价比是个伪概念

一般主打性价比的产品,都是针对年轻的或者消费能力一般的用户群体。这类群体对价格相对较为敏感,但是对产品的品质却不一定有真正的鉴别能力。

在互联网圈,雷军是喜欢讲"性价比"的企业家。他所创造的小米手机,当年就是凭借这一概念,俘获了一众年轻粉丝的心。但雷军是靠这个业务生存的吗?不是,小米的硬件的利润率不到5%,主要商业模式还是依赖以IOT(物联网)为代表的消费生态,包括一些互联网服务。

所以对于小米而言,其核心竞争力应该不是"性价比"。性价比听起来更像是一个引流的概念。通过这一概念圈住更多的粉丝,通过粉丝经济,继而购买其IOT生态产品,包括互联网服务等。这一套策略本身是没有问题的。问题在于,年轻的米粉用户是否会持续购买小米?

2019年以后,手机厂商们或许感受到了竞争的压力,也纷纷开始推出性价比产品。比如,OPPO推出"realme",vivo推出"iQOO"。从性价比的角度来说,这些产品并不比小米差。结果导致一个问题,那就是可能原先小米的年轻粉丝倒戈,跑去购买vivo和OPPO的手机产品了。所以核心在于,这套"性价比"概念能支撑多久?

一直以来,小米为二级市场所质疑的是其盈利能力。如今的小米股价再度破发,约11.7港元,上市时发行价为17港元。事实上从小米在港交所上市开始,股价就开始呈现下跌趋势,自 2020 年 5 月小米进军高端市场以后,股价大概上涨了一年,现在又再度遭遇破发的宿命。

小米股价不断破发的原因在于硬件技术层面的缺乏,MIUI 系统是嫁接在 Google 的安卓之上的。而寄希望于薄利多销的硬件业务,是否能够长期保持持续增长,从而获得规模优势,也存在诸多挑战。当然,小米能够在激烈的手机市场竞争中占得如今的头部地位,确实是为此付出了很多努力,但不得不说,道阻且长。

在手机行业,苹果公司一直都是标杆性的企业,也是众多投资机构持续重仓的标的。市盈率和盈利能力都很强,并长期获得二级市场的认可,苹果可以说是独一无二的宠儿。这也正是它拥有的非常强大而稳固的商业护城河。从创立之初,苹果的理念就是产品至上,通过为用户提供最好的产品来收获品牌溢价。

事实上在我看来,小米对于硬件利润率不高于 5% 的这种规定,是根本没有必要的。苹果公司就是因为有这么强的利润作为支撑,才能够去做各方向的探索,包括 AI、AR 和自动驾驶,这些都是非常重资本的投入,从而为人们带来更好的用户体验。媒体传闻小米也要开始造新能源汽车了,无论消息是真是假,不容置疑的一点是,造车业务也需要花钱。那么钱从哪里来？如果自身不能供血，就只能依靠外部融资或二级市场的增发。

只为20%的高净值客户服务

商业世界不存在真正价廉物美的产品。或者说，但凡受过一定教育的人都知道，世上没有免费的午餐，免费的往往最贵。

过去很多年，很多公司都依靠价格战拼命攫取竞争对手的地盘，就算成功了，也是一地鸡毛。价格战本身就违背商业规律，从根本上来讲，扰乱了市场竞争秩序。

从商多年后，性价比在我这里成了一个反面词汇。尤其是近几年一些团购电商在打价格战的过程中，让上游厂商完全失去了利润。试问在这种商业模式下，用户拿到手的产品，能是好用的产品吗？或者反过来讲，如果要求性价比，那最后只能倒逼原厂家偷工减料。

相信大家都有过报名旅行团旅游的体验。价格十分优惠，听起来非常诱人，但是当你真正上车以后可能会发现，跟你一起报名的人有上百名。廉价的大巴车将你们拉到每一个地方，不到一首歌的时间，你们就要解决好饮食或者上厕所这类琐事，再匆匆忙忙地上车。这种上车睡觉，到了景点拍张照，回到家里什么都不知道的旅游毫无意义。

最后旅游一趟回来，你发现自己啥都没体验到，却在不知不觉之中花了三四千元钱买了一些玉石珠宝或一些当地著名特产。回到家以后你发出感慨：还是在家里躺着最好。为什么呢？因为这趟旅游太累了，或者说，这根本就不是真正的旅游。

世上从来都没有免费的午餐，所以我们只为真正愿意购买好产品的高净值人群服务。同样是国旅业务，其他传统旅行社 1000 元的项目，在山屿海的价格在三四千元，但客户花钱以后，享受到的是一对一的服务，也没有强制的购物体验，吃的也非常健康。所以，国旅业务在山屿海的口碑和复购都很好。

我身边不少朋友都有装修房屋的经验。他们和我说，在家用电器上，一定要买自己能力范围内最好的产品。因为不好的产品会让你的整个居住体验变得非常糟糕，毕竟房子是你下班以后 12 小时都要待着的地方，所以在装修上，他们的原则都是购买国外的知名品牌。

像现如今受高净值人群和 90 后年轻人追捧的戴森吹风机,虽然价格高达 3000 多元,大家依然趋之若鹜。反观国产仿造戴森外形的吹风机,150 元也鲜少人买。抄得了外观抄不了核心竞争优势——无论是超高速数码变频电机和流体力学气流倍增技术,还是独特的风机转子材料,硬核的科技是很难被复制的。这些核心竞争力的背后无不需要高额的调研、研发经费。

杜拉维特家的卫浴产品也是我身边不少装修人士的最爱。他们家的产品,除了设计美感以外,最重要的一个特点就是"稳"。这家公司有着 200 多年的历史。这家公司不仅多次获得国际设计奖项,还曾在 2006 年被福布斯评为世界十大洁具品牌之首。在莫斯科、布达佩斯、布鲁塞尔等全球一半以上的首都机场,都有他们家的产品。

虽然对普通人而言,杜拉维特的产品着实有点贵,但在家装方面,我们确实不能太过粗糙。之前认识一个人,为了贪便宜随便在家具市场买了款烤箱,最后差点把房子都烧了。这样的案例不胜枚举。贪小便宜吃大亏。在消费层面,涉及自己的居住环境包括人身安全,建议大家还是理性考量,不要盲目落入追求性价比的怪圈。

谁才是真正聪明的消费者

过去很多年,我们的消费者喜欢贪便宜,甚至薅羊毛;商家喜欢打价格战,你争我夺。这种不正常的市场竞争环境,恶性竞争导致整个商业社会陷入了"劣币驱逐良币"的怪圈。这不应该是整个社会提倡的消费文化。因为它不利于我们的国家经济向更高级的方向转型。如果我们一直沉浸在这样的消费文化里,什么时候才能摘掉"低端制造工厂"的帽子?如果消费者不断地为商家这种价格战买单,最终受苦的也将是他们自己。

这种消费文化会带来一种恶性循环:低价却没有好品质的产品,不仅给用户带来糟糕的产品体验,还影响心情,浪费时间和金钱成本。好产品的本质,应该是在帮助提升生活品质和工作效率的同时,让用户可以有更多的精力去做更有创造性的事情。

今天假设你在某些电商平台上团购了一件价廉物美的电器,结果没用几天就坏了。找客服退货需不需要时间?跟客服拉扯需不需要时间?即便如此,最终的处理结果也无法让你得偿所愿,那么还要再加上一项情绪成本。

勇敢者游戏
商业是一场伟大的冒险

我发现一个很有意思的现象：现在很多住在上海周边的居民，会单独找周末专门开车去上海的山姆会员店疯狂采购。他们宁可驱车几个小时来回奔走，也不愿意在当地的购物市场选择将就。按理说只有缴费会员才能进入山姆会员店，山姆会员店来到中国以后，开一家火一家，而且每次来的人都满载而归。同样是连锁超市，2019年8月Costco首次登陆中国的时候，当天就因为人流量过大被迫宣布暂停营业，甚至有人在晚上10点左右就过来排队，站了一夜。

外人看到他们这样觉得不可理喻，但当你深入了解了类似大型连锁超市的本质及这种商业模式的核心竞争力后，就会发现它们拼的是周转效率、成本管理和后端的供应链整合。"性价比"只是表象。

山姆会员店拥有全球领先的食品安全管理体系，在配送中心就能对食品做出快速检测。同时，山姆会员店对冷链物流的标准也很高，从装柜开始就实时监控车内温度，以保证最后呈现在消费者面前的产品品质：全程冷链进口的新鲜牛肉、法国进口的牛角包面团等，都拥有超级高的复购率。用户在这里体验到的，是真正的优质产品和服务

第五章
抛弃幻象，回归商业本质

体验。真正聪明的消费者，一定程度上明白经济和市场的运行规律，懂得如何做出选择，如图5-2所示。

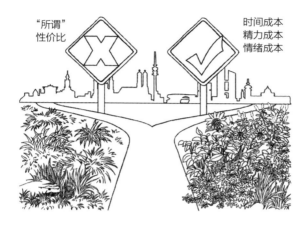

图5-2 真正聪明的消费者的选择

今天由于微信、支付宝等电子支付通道的快速发展，包括很多公司也在逐渐改变一些思想观念，开始推出会员制的付费型商业模式，我们的用户也逐渐被教育得有了一定的付费习惯，愿意为他们觉得有价值的一切事物买单。为知识付费，为娱乐付费，为一切他们觉得值得的事物付费，这是一个好的趋势，也是未来的大势所在。

过去大行其道的免费文化正在逐渐为付费文化让道。人们的观念也在逐渐发生变化。在这个阶段，消费者更应该考虑的是，如何通过购买一件产品，使自己的生活变得更好。这种更好不仅体现在物质层面,也体现在精神层面。

就像断舍离文化所强调的那样,购买的每一件单品都是必需且合适的,无用的一概舍弃。所以,对今天的国内消费者,我想说的是,你在购买任何一个产品时,其实都是在为自己未来的美好生活做投资(见图5-3)。

图5-3　理性的消费文化

抬头仰望星空，低头脚踏实地

"年轻人要定一个小目标，先赚它一个亿。"这是2016年流行的一句网络调侃语。

原话其实是鼓励当下的年轻人不要好高骛远，要阶段性地实现自己的财富目标，在仰望星空的同时也要脚踏实地。但这句话却被网友断章取义，曲解为"一个亿是小目标"，随后又再度发酵，演变成了一场关于"年轻人的小目标是一个亿"的舆论风潮。

也是从那个时候开始，网络上随处可见相关言论，好像钱都是以"亿"这个单位为标准。事实是，赚1亿元真的有那么容易吗？

缺什么，才会秀什么

星河璀璨，惹人仰望，但也要小心一切只是假象。近几年，我们在社交平台上总能看到身价上亿的博主，打着能够帮助普通人实现财富自由的幌子，结果很多人花钱购买了知识付费的课程，最后依然没用，仍然没有能够实现财富认知的积累。实际上，那些声称自己有上亿身家的人，不过是摆了一个营销诱饵以吸引更多的流量来实现商业需求。

抖音的本质是线下价值的放大器，帮助实体行业在存量市场中找寻增量。线下没有结果的人，纯粹想依赖线上拉拢客户，就只能依靠虚假宣传。我去年孵化了一家名为播播糖的本地生活公司，在抖音本地生活华东区，正餐销售排名第一，半年时间做到 GMV 过亿的成绩。快速成长的背后是我们集团实体业务和利润作为强大的背书。对比之下，本就没有实际业务作为支撑，线下也没有真正商业结果的那些人，还整日在短视频平台说自己有上亿身家，完全就是营销层面的过度包装，昙花一现是必然结局。

网络上的话，不能轻易当真，如图 5-4 所示。真正有上亿身家的商人，在今天的中国没有我们想象中那么多。此前动辄就利润上亿的公司，大多集中在房地产行业。但近几年由于房住不炒的政策，各大房地产公司已经负面新闻环绕，或徘徊在破产边缘，或努力开辟新业务自救。

所以，一个亿到底是资产还是负债，是很重要的一

第五章
抛弃幻象，回归商业本质

点。很多企业无论是上市也好，融资也好，银行借贷也罢，都有一定的负债存在。这本无可厚非，一家真正想要把生意做大的公司，或多或少都会存在负债的情况。资产负债率是否在一个健康的范围内，才是我们衡量这家公司商业价值的一个指标。

另外一个重要的衡量指标是：公司发展是否健康、绿色、可持续。实体企业以一个亿作为衡量标准，厂房至少要有 100 亩（1 亩 ≈ 666.7 平方米）地，工人至少要在 500 人以上。每年仅人工成本就 5000 万元，还不算管理和其他成本。这种重资产模式的风险还是很大的。尤其是在今天这样一个快速求变的时代，一旦跟不上时势或者很难及时创新，也许之前 1 亿元的利润，很快就化为 2 亿元的负债。

现在是三驾马车（投资、消费、出口）基本停滞，商业世界的寒冬已经到来。已经有一定结果的企业家们，也是靠着当年千辛万苦、九死一生的拼搏换来的。在之前的整个创业过程中，他们都如履薄冰，所以即使现在成功了，因为深知财富得来不易，也会时刻保持着对周围事物的敏感度，随时准备抓住当下风口，该收缩的时候收缩，该扩张的时候扩张。

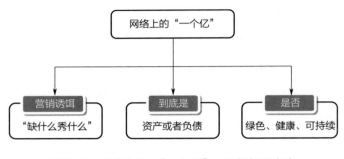

图5-4 网络上的"一个亿",不能轻易当真

真正赚到一个亿的人,都历经"千辛万苦"

人们只看到那些成功商人表面的光鲜亮丽,却不知道背后他们经受了多少常人无法想象的痛苦和磨难。凤凰在没有涅槃之前,不过是大众眼中一只不起眼的小孔雀。

我们今天所熟知的娃哈哈掌门人宗庆后,一路千辛万苦,凭着吃苦耐劳的精神,才成就了如今的商业帝国。起初他在一家电器仪表厂负责推销工作,被人拒绝过无数次才练就了一身过硬的销售技能。42岁的时候,宗庆后开启了人生的创业之路。那时候的他,其实就是到处骑三轮车,起早贪黑代销产品。依靠这样日复一日的坚持,他成功积累了人生中的第一桶金,这才有了后来的娃哈哈商业帝国。

第五章

抛弃幻象，回归商业本质

创立农夫山泉的钟睒睒的人生第一桶金，也来得不容易。1991年左右，钟睒睒还在海南岛的时候，碰巧看到海南用龟鳖熬制的美食养生汤，产生了研发龟鳖丸的想法。在那个新媒体才刚刚兴起的年代，凭借广告宣传，他很快赚取了人生的第一桶金。

记得2008年第二次创业去海南岛，为了顺利办理营业执照，我特地找中间商花了500元钱。钱交完以后等了整整7天，我才等来了对方的讯息。对于当时几乎山穷水尽、背水一战的我而言，内心着实煎熬。创业辛苦本是不必再说，没想到办理小小的营业执照都这么艰难曲折。客户和市场更是难上加难。

绝大多数浙江商人的护城河就是吃苦耐劳。很多知名的企业家，早年都是从底层销售开始做起的。温州商人早年就带着三把刀闯荡世界——菜刀、剪刀和剃刀。带着这三把刀，他们跑去欧洲、美国等世界各地，靠努力"出圈"，完成了原始的财富积累。

爱拼才会赢。作为"2020风云浙商"，同时也是浙商理事会的轮值主席，这些年来我见过很多大佬，他们大多都从底层摸爬滚打而来。做销售的时候，说到喉咙沙哑；营商环境艰难，就换地方闯荡。一个人拎个包，从南走到北，努力到感动自己，拼搏到无能为力。

所以真正赚一个亿，没有大众想的那般容易。我们今天看到的所有成功，没有一个不是经历了千辛万苦，即便如此，也有偶然性的成分存在。

当然，机会总会垂青有所准备的人。如果不经历千辛万苦，我们这些商业上的弄潮儿也很难抓住时代风口，乘风破浪。商业世界最公平的地方在于个人努力加上正确的方向，长期坚持，再经过时间的发酵，大概率会转变成"上亿"的现实。

前提还是商人足够努力。所有那些身价上亿的成功商人，没有一个不是走遍了"千山万水"，经历了"千辛万苦"，想尽了"千方百计"，说尽了"千言万语"的。

年轻人可以仰望星空，内心还是要脚踏实地

在时代的洪流中，每个人都只是一粒沙，大多数人的财富积累都来自2012年到2017年间的地产红利。风口上的幸运儿常常会将成功归因于自己而非时代，难免沾沾自喜，对于财富的理解也不够深刻。

第五章
抛弃幻象,回归商业本质

近两年网络上非常流行一句话:"前几年靠运气赚来的钱,近几年凭实力亏光了。"尽管是一句玩笑话,却也道出了财富获取的难度和精髓。核心还是要脚踏实地,厚德方能载物。如果对财富的认知和积累不足以驾驭现有财富,最终结局就是被剥夺财富的拥有权和使用权。财富就像长着脚的阿拉丁神灯,会自动寻找那些真正能够驾驭它们的主人。

现在年轻人的问题在于,一方面他们没有足够的认知和能力去获取财富,"才华支撑不起自己的梦想";另一方面他们又在每天刷短视频和社交媒体的过程中被洗脑,认为财富获取是一件可以走捷径的事情。喝了太多毒鸡汤以后,他们没有坚实的价值观去坚持做一件事,并且把事情做好。

人不轻狂枉少年。实际上我年轻的时候也有过飘忽的时刻。2000年左右的商业世界,相对今天来说,的确容易很多。我刚开始从事房地产代理的时候,在上海奉贤代理分销一个楼盘,卖掉一套可以赚10000元。销售成绩最好的一天,我卖了22套房子,也就是22万元。那可是2001年,22万元相当于一辆现代索纳塔轿车的价格,也能在四线城市买一套房。就这样短短两三年时间,我有了几千万元的原始积累。

"乱花渐欲迷人眼。"实际上当时做房地产代理的人基本都能赚钱。但人在年轻气盛的时候，总认为一切都是自己的努力所得，忽略了时代和运气等其他偶然性因素。直到后来在海南岛种槟榔、种菠萝，做没有产权的度假屋，我才深刻意识到，心态太飘对人的杀伤力有多大。创业这么多年，我对商业和世界的敬畏心越来越重。

各大社交媒体平台，随处可见年纪轻轻就号称自己身价上亿的人，让现在的商业世界变得很浮躁，人们很多时候都失去了对常识的认识和对一些基本价值观的追求。太多华而不实的言论，太少脚踏实地的行动；太多画不完的饼，太多琐碎的事情。

年轻人每天在被动接受这些资讯和消息的同时，思想和价值观确实受到了很大程度的负面影响。他们天真地以为一夜暴富很容易，结果股票亏损、投资失利，不止工作内卷，还精神内耗。因为时代确实发生了变化，当年的商人可以依靠脚踏实地的努力去获取成功，而如今，年轻人的上升渠道收窄，依靠忽悠或营销来博取短期关注和流量，核心原因还是机会变得越来越少。

第五章
抛弃幻象，回归商业本质

但无论环境如何恶劣，人都应该坚守初心，否则就是南辕北辙。所谓"天若有情天亦老，人间正道是沧桑"，浙商一个很重要的特点就是即便再富有，都保持低调。因为大家深知金钱来之不易，守住财富也需要极高智慧。从稻盛和夫到查理·芒格，古今中外，但凡有大成就的企业家，都深知一步一耕耘、"慢即是快"的商业哲学。

因为心浮气躁，你无法长久地赚钱。今天你可能赚一个亿，明天可能因为拍脑袋的决策，凭空亏损了两个亿。所以对于当下的年轻人或创业者来说，大家真正应该做的，是随时都保持一颗平常心对待所谓一个亿的小目标。在有一定资金积累的情况下，你应学会未雨绸缪，不盲目投资；在没有资金积累的情况下，就削减不必要的开支，保持学习和提升自我认知。

不可否认，当下确实是经济寒冬，但寒冬正是修炼内功的时刻，就像一颗优秀的种子，在寒冬中静静地待着，蓄势待发，等待春天的来临。人与人的差距也正体现在对危机的反应和处理之上。机会永远都只会垂青那些早早就有所准备的人。来年春暖花开日，总有新桃换旧符。

乡村振兴是大势所趋

"看得见山,望得见水,记得住乡愁。"从现在到2025年,最大的风口就是"回到生你养你的县城去"。

过往中国城市,确实通过工业化、城市地产和科技等手段得到了大力发展,但与此同时也不可避免地带来了一些问题。伴随着城市人口越来越饱和,工作机会越来越少,经济大环境趋于严峻的情况,各个层面都意识到了乡村振兴的重要性。那么,突破口到底在哪里呢?

也是基于这些原因,近几年,乡村振兴被提升到了非常重要的高度,政府、投资人、创业者等社会各界也都积极参与其中。人们逐渐意识到,所有大城市消化不了的那些人力资源也好,产业链的衍生也罢,未来可能都需要由我们的县域经济来承载。

乡村振兴不可急于求成,要学会以小博大

乡村振兴虽是趋势,却不可急于求成。

第五章
抛弃幻象，回归商业本质

山屿海为什么在湖州建一个康养酒店，因为湖州太湖距离上海只要 1.5 小时路程。乡村振兴，地址是首要考量因素。前提还是要选择那些 GDP 本身较高、人均消费潜力较大的县城。比如长三角、粤港澳、京津冀这三个集群的周边人口众多，产业发展也足够成熟，有需要下沉的产业链作为支撑。为什么宁波、无锡这些地方可以去做生意？因为它们处于城市集群的地带，人均消费能力完全足够，同时因为交通成本较低，大城市的人群也容易被吸引来。

乡村振兴项目不能急于投入大笔资金，应该采用小步快跑的方式慢慢迭代。很多人跑去乡村创业，都选择重投资项目，或大刀阔斧急于翻修，或改变当地的人文特色和建筑景观，最终的结果往往并不理想。

无论何种类型的项目，要想稳健，起初的步伐都不宜太大。尤其是乡村振兴这样的项目，本身面临的就是三四线城市的下沉市场，更适合以小博大、轻资本试错、缓步迭代的生长方式。

这方面可以参考的创业项目有采摘、农家乐、露营等，投入成本仅在百万级别，利润率则高达 80% 以上，见表 5-2。

表 5-2 采摘与露营的利润率

类目	成本	收入	利润率
①采摘	50元/h	200元/h	300%
②露营	100元/人	500元/人	400%

以当下流行的采摘项目为例,成本不到50元,一小时的体验价可能在200元左右,利润率高达300%,完全是以小博大的代表。最重要的是,消费者在这个过程中体验到的是一种接近自然的生活——丰富的负氧离子,安静的乡村氛围,浓浓的生活气息,颇有"采菊东篱下,悠然见南山"的诗意美感。

现代人的生活节奏越来越快,都想远离城市的喧嚣,在大城市待久以后也想偶尔呼吸一下乡村的新鲜空气。由此应运而生了农家乐、洋家乐等项目。这些项目的经营没有因为在乡村而变得简单。农家乐的护城河是场地自有、夫妻经营,在充分利用家庭富余劳动力的同时,讲究成本最小化、可控化。农家乐在提供饮食和住宿等服务的同时,还可以在此基础上加一些当地特色,如钓鱼、烧烤、农耕文化体验等,从而刺激二次消费。

再比如时下非常流行的露营项目,以浙江安吉为例,单个用户收费至少500元,综合成本只在100元左右。常规情况下，假设一个月有 10 次露营活动，每期 10 人左右的规模，项目一个月的利润也至少为 4 万元。虽然刚需一般，但倍率和复购相当可观，尤其成本可控，所以是一门相对不错的生意。

而且不止露营本身有巨大的盈利空间，在露营的基础上，创业者还可以尝试研学、康养、社交、恋爱、美食等诸多附加业务。为什么这两年露营项目受到较多一级市场投资人的青睐？因为大家都看到了这门生意的高增长性。

从 2020 年露营项目刚刚兴起，到 2021 年国内市场规模已经同比增长 78.6%，2022 年更是一骑绝尘，市场规模达到了 300 亿元。天眼查数据显示，国内目前有近 4.6 万家与露营相关的企业，近三年露营相关企业的注册总量持续猛涨。五一长假，无论是飞猪还是同程等旅游平台，相关关键词的搜索热度都环比增长超过 100%；而在京东平台，露营的户外桌椅套件预售订单额也已经同比超过 3 倍。

露营是一种帮助人们追求内心感受的生活方式，在满足了消费者猎奇需求的同时为他们提供了社交空间，让心情和身体都在大自然中得以放松。

不可作为入侵者引起当地反感

在做县域项目之前，创业者一定要提前调研好当地的环境、政策，包括用户消费习惯等各方面的情况，目的是让自己更加了解当地市场。如果以居高临下的态度去创业，创业者很容易引起当地人民的反感，最终项目也很难真正落地。

我早年遇到过这样一个项目：开发商找到当地农民，利用闲置宅基地，盖一栋四五层的度假小楼。楼上卖给上海、浙江这类大城市来的客户，楼下留给农民做餐饮或零售生意。

创业者的角度是，大城市客户需要性价比高的度假屋，农民需要这些客户来消费。这种模式看似可行，但它忽略了非常多的实际问题：第一，这种未经太多装修、成本不高的度假小屋，吸引来的都是浪漫的穷人。这些人真正有多少消费能力？第二，如果不能产生消费，对于农民而言，他们大费周折将宅基地出让的意义又在哪里？

事实证明确实如此。

第五章
抛弃幻象，回归商业本质

因为这样的度假小屋本身强调性价比，所以最后也没有吸引到真正的高净值客户，更多是一些消费能力较低且吹毛求疵的文艺青年，这些人来了一段时间以后，一方面可能觉得并没有想象中美好，另一方面可能也会抱怨"蚊子太多""环境太差"等。

对乡村振兴项目而言，和谐的氛围非常重要。客户不愿意消费，农民自然也会产生怨气，他们本以为将自己的宅基地用来投入项目可以换得更好的收入，结果没想到，房子被改造了，却没赚到钱。农民可能会用停电停水的方式表达抗议，而这又进一步加深了彼此之间的矛盾，形成了恶性循环。

形成良性循环的前提是：将村民当自己人，或者说至少不对其造成伤害。我的一位同学，在江西婺源做了一个"篁岭晒秋"的项目就非常成功。成功要素之一就在于，他并未改动太多当地的建筑风貌，并且在项目实施的过程中也让农民参与其中，拉二胡的人继续拉二胡，吹笛子的人继续吹笛子，打麻糍的人继续打麻糍。当地农民不但没有流离失所，收入还随着客流量的增长而水涨船高，自然战斗力拉满，笑脸相迎。

在创业之初，创始人并没有很快投入过多成本，先是投入了几百万资金，招揽到一定客户以后，有了一定现金流才选择继续投入。

核心还是在于，他自己本身对于乡村有一定情结。他希望通过这样一个项目，真正能够让这个村子的历史或文化价值呈现给外界。直到获得当地农民的信任以后，他才开始着手丰富一些景区的建设。在保证自己不亏损的情况下，他前后整体投资1亿元左右，不到3年时间获取了超过10倍的利润回报。

得道多助，失道寡助。在乡村振兴的项目里，创业者一定要学会放低自己的姿态，学会与当地融为一体。

多方共赢的项目才能真正持久

当下的政策形势非常有利于乡村振兴这样的创业项目。国家"十四五"规划纲要提出了乡村振兴的发展策略，认为县城位于"城尾乡头"，是连接城市、服务乡村的天然载体。推进县域经济，既能适应农民到县城就业安家的需求，又能带动乡村发展和农业农村现代化，还能承载大城市的产业链需求。

但是要真正做好这样的项目，并没有想象中那般简单。以露营采摘为代表的以小博大型项目，只需要考虑当地农民的利益，因为牵扯的利益方不多；但越大的项目，需要考虑的因素也越多，比如政府、投资人等。只有在保证多方利益都不受损的情况下，项目才有可能保证长久健康的发展。

真正好的乡村振兴项目，对于创业者有非常高的要求，不仅需要对方具备换位思考的能力，也需要其拥有整合各方资源的手段，如图 5-5 所示。

首先，创业者要考虑到第三方的诉求，如投资者或建筑商能从项目中获得什么。

其次，如何才能有利于当地农民？比如，商业项目是否改善了这些农民的生活质量或提升了他们的经济收入，毕竟这些人本来就是弱势群体，如果你的商业项目没有间接帮助到他们，那就是一种伪商业。

最后，如何有利于当地政府，是否能够为其增加税收？不只是补贴，但凡满足了当地政府的需求，可能会带来更多意想不到的政策扶持。

任何一个环节，不能达到利益分配的平衡，最后都有可能给项目造成巨大的损失。

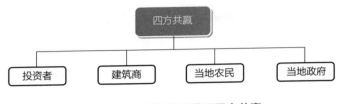

图5-5　乡村振兴项目可四方共赢

核心在于，创业者需要因地制宜，根据当地的实际情况、实际受众、实际需求去匹配相应的项目。这是任何创业者在创业之初都需要思考的切实问题。我们不能仅仅为了响应政府号召而闯入这一赛道。现在很多人做乡村创业就是为了拿政府补贴，搞银行低息或免息贷款，完全属于心术不正。心术不正的项目能长久吗？新能源赛道也好，风电、潮汐电、光伏发电赛道也罢，对于普通人来说大部分结局都是一样的。

只有初心正确，同时赋能多方，才是真正可行的乡村振兴项目。而从商业模式的角度来看，越能满足三高一低（高刚需、高倍率、高复购、低成本）原则，越是合适的项目。

面世于2006年的《长恨歌》迄今已有十几年历史。

在《印象·刘三姐》破产重组，大多文旅项目惨淡落幕的情况下，《长恨歌》却永不落幕，常演常新，如图 5-6 所示。

数据显示，自 2006 年《长恨歌》公演以来，截至 2019 年，已累计演出超过 3300 场，接待观众超过 680 万人次。其背后运营方陕西旅游，从公布的财报数据来看，营收主要来源于旅游索道、客运道路收入、旅游演艺收入、旅游餐饮收入等层面，收入较为多元化，也能在自身盈利的情况下维持一定增长。

坊间流传一个说法，去西安不看一场《长恨歌》，就像不去看兵马俑一样遗憾。《长恨歌》旺盛生命力的源泉在于，其有真实的故事原型，有真实的历史场地，更有千百年来深厚的文化积淀；没有破坏当地风貌的同时，也给当地人民带来了一定创收；没有太多刻意成分，一切都是如此的浑然天成。

也正是基于这一切，《长恨歌》才有了极强的不可替代性。据说《长恨歌》演艺剧目每隔一年会在有限范围内做出创新，但总体来说，都不会出现太大的流量反噬。历久弥新，五湖四海的用户总会愿意为其一次又一次买单。

看到了《长恨歌》的成功,很多其他旅游景区也试图尝试复制这一模式。我前段时间还去江西抚州看了个文昌里的项目,一年接待观众大概6万人,但整体投入高达50亿元。

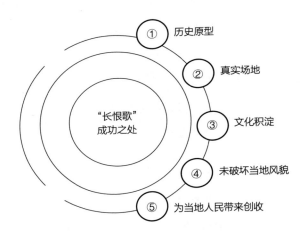

图5-6 《长恨歌》的成功之处

为什么抚州做不了西安的量级?第一个原因是没有足够的流量。整个抚州只有二十几个4A级景点,一个5A级景点,人流量相对稀缺;此外,抚州也没有西安当地那么深厚的文化底蕴,无法让人形成记忆点。西安毕竟是文化古城,十三朝古都,有上千年的文化历史,绝非一般城市可以轻易复制。

第五章
抛弃幻象，回归商业本质

实际上，日本早在20世纪80年代末就意识到了乡村振兴的重要性。日本的年轻人都流向了东京、大阪、名古屋等大城市，空心镇、空心村越来越多。山屿海在日本的酒店位于新潟县阿贺町，这个地方在2010年人口有3万人，2021年只剩下8000人，人口流失非常严重。为了解决这个问题，当地政府也做了很多尝试，比如采摘、农耕文化、美丽乡村、一村一品等项目。由此吸引而来的游客最多住1~2天，消费有限，这对于整个乡村振兴是杯水车薪。所以想要年轻人真正回归且留下是非常困难的，因为对于年轻人来说，工作与生存同样重要。在乡村一般很难找到理想的工作，因为乡村的教育、医疗等设施都很缺失，与之同时缺失的就是为其服务的年轻群体。所以我们今天在谈乡村振兴的时候，创业者不要一拍脑袋，一腔热情就涌入其中。创业者要观察地域形势，消费心理，还有商业模式的可行性，包括是否满足多方的利益诉求，再选择适合自己的赛道缓慢进入。

乡村振兴看似门槛很低，实则是门槛非常高的一个行业。

第六章

发展才是硬道理

发展是解决一切问题的根本

沉寂已久的创投圈终于迎来 2023 年第一个风口——ChatGPT。作为 OpenAI 发布的一款聊天机器人程序，它可以通过学习和理解人类的语言来进行对话，还可以根据聊天的上下文进行互动。不到两个月时间，产品全球注册人数已经超过 1 亿。

ChatGPT 与其他人工智能最大的区别在于，人工智能并未实现对知识全部的理解和编译，ChatGPT 却可以不断自我进化。为争赶这一风口，国内外头部科技公司也开始纷纷入场：2023 年 2 月 7 日，百度官方表示将于 3 月上线百度版 ChatGPT "文心一言"；大洋彼岸，微软隔日便宣布将推出由 ChatGPT 和 GPT - 3.5 提供的全新搜索引擎。

即便庞大如百度、微软，在面对 ChatGPT 这样强有力且具有颠覆效应的产品时，都无法采取完全作壁上观的态度，唯有全力以赴，全情应对，才有可能保证自己在未来的市场竞争中不被压制。更何况，那些本来就没有太多竞争优势的创业公司。

"发展是解决一切问题的根本。"现如今，小到公司发展，大到家国命运，都是一样的逻辑。只有不断往前，才能真正掌握自身的命运，避免沦落为时代浪潮中的弃子。

在商业世界，变化是唯一的不变

受外界不可抗因素影响，2022年全国国内旅游人数为25.3亿人次，同比下降22.1%，较2020年下降12.12%；实现国内旅游收入约2.04万亿元，同比下降30%，较2020年下降约8.5%。在人们不再愿意出游的情况下，酒店入住率也在不断下滑。2022年第四季度全国星级饭店营业收入总额为284.17亿元，客房收入占39.81%；星级饭店平均房价为321.46元/（间·夜），平均出租率仅为36.79%。

本着发展第一的原则，我将公司的康养业务作为核心，同时去掉了一些不重要的边缘业务。此外，我也开始通过抖音渠道传播山屿海及我的个人品牌。

每天无论多忙，我都雷打不动地坚持更新抖音视频。开播一年多时间，我不仅让山屿海品牌得到了更多的有效曝光，也链接上了非常多想要与我们合作的资源。同时，我创办的熊雄商学线下分享会的影响力也越来越大。

看到抖音赛道的红利，我们又投资了一家名为播播糖的公司。不到半年时间，播播糖就一跃成为本地生活领域的头部 MCN（多频道网络）机构。

播播糖采取的商业模式，是为素人主播提供货品进行直播，通过签约和打造大量达人，打造矩阵 IP，帮助更多需要曝光的线上品牌提升知名度和影响力。目前，我们线上合作商家包括诸多头部品牌，仅一年时间，就做到了月均线上 GMV 几千万的水平。

山屿海在创业初期有酒店等在内的重资产，在外界看来转型难度是很大的。但当外部环境不停变化的时候，我们选择了让自己"更加灵活"：从去掉部分不重要的实业资产，到重新研发膳食补充剂产品，再到对短视频风口的探索，每一步我们都踩对了时间节点，并持续深耕。凭着灵敏的商业嗅觉和对战略方向的不断坚持，我们在每一个涉足的赛道上都做出了不菲的成绩，如图 6–1 所示。

第六章
发展才是硬道理

今天的商业世界,是急剧变化的世界,对创业者提出的挑战也越来越高:不仅要提前预判形势,未雨绸缪,还要在风浪到来的时候及时调整策略,顺势而为。企业发展与长跑类似,只有敢于丢弃旧包袱,在变化的环境中不断勇往直前,才能越跑越轻松,越跑越自由,最终跑出一条只属于自己的胜利路径。

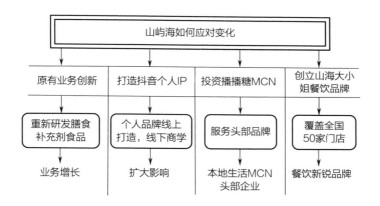

图6-1 山屿海应对变化的过程

轻餐饮有大世界,小烧饼有大未来

山海大小姐炭火饼是山屿海集团前进路上更为大胆的一次尝试。

播播糖作为本地生活MCN,服务的都是头部品牌,但依然还是在外围赋能,并没有真正去"下河游泳"。对此,我的思考是,与其帮其他品牌摇旗呐喊,不如自己打造一个独特的轻餐饮品牌。

轻餐饮是近年来餐饮行业流行的一个新概念,指的是两顿正餐间的非主餐时间里,能够满足用户"逛吃"的需求,健康、简单且快速的食物,如喜姐炸串、小蹄大作等品牌。其主要特点是没有堂食,产品SKU简单,客单价相对较低,以小吃和甜品饮料为典型代表。资料显示,中国轻餐饮市场规模从2008年的45亿元增至2018年的127亿元,复合年增长率达23%。不久的将来,轻餐饮最有可能成为爆发的餐饮业态。

在轻餐饮的市场选择中,我们更看好长三角区域的下沉市场。长三角区域拥有全国优质的消费人群,这里有2.35亿人口,并且愿意为自己喜欢的产品和服务持续买单。并且,此区域下沉市场的流量成本更低,人员和租金成本也相对合理,可以起到以小博大的效果。基于此,山屿海集团在2021年9月孵化出了山海大小姐炭火饼这一新锐消费品牌。

截至2023年3月初,山海大小姐炭火饼已覆盖全国,门店数达50家。品牌的第一家门店选址在浙江宁波慈溪

第六章
发展才是硬道理

步行街。刚开店三个月，税前利润就达到了 50 万元；2022 年 10 月在上海青浦吾悦广场开的门店，单日营收在 8000 元以上。目前 50 家品牌门店，每家年利润在 50 万元左右。

山海大小姐炭火饼之所以能够保持如此高的扩张速度，与其商业模式有着密不可分的关系。

选址层面，我们会优选下沉市场中客流量较高的地方，因为"轻餐饮"的特点是出餐快、流动快，无须满足正常的早中晚餐点，对客流要求较高；产品口感层面，我们也针对用户群体的特点做了相应创新，口味更加多元丰富，也更因地制宜，这是产品高口碑和复购的核心所在。

从数据来看，以一家年租金 12 万元的门店为例，按照请 2 位店员且人均月工资 5000 元来算，工资成本为 10000 元，那么门店单日固定成本在 700 元。在产品毛利 65%，一天营收 5000 元的情况下，一天净利润也在 2500 元以上，一个月就是 70000 元左右。不做堂食的模式减轻了店面成本和人工成本。此外，开设外卖业务，附带虾滑、意大利面等高利润产品，亦能增加门店收入。

低成本，高倍率，高刚需，高复购，山海大小姐炭火饼完全满足我一直强调的"三高一低"原则。并且和传统烧饼生意相比，内容更加丰富，人效比更高，这种降维打击的思路，使得品牌一经推出，便引爆了市场。即便是在2022年外部环境急剧变化的时候，山海大小姐炭火饼依然有90%以上的门店保持盈利状态。

在经济下行，消费降级的大背景下，做商业的思路也要灵活转变。"轻餐饮"这类平时看似不起眼的"小吃小喝"，SKU简单，反而更容易标准化；凭借低成本、强现金流的特点，也使其更容易穿越经济周期，对抗外部环境的不确定性。

山海大小姐炭火饼是山屿海集团扎根下沉市场的尝试之一，也是我们前进路上的重要一步。

只有不断往前，才能最终掌握主动权

往前走的每一步都算数。从开始尝试抖音，到播播糖MCN的搭建，再到今天山海大小姐炭火饼的成功，都是我们一步一步走出来的结果。

第六章
发展才是硬道理

公司只有在变化的市场环境中不断往前，最终才能掌握属于自己的主动权。

腾讯公司是最早在网上建立寻呼系统的公司之一，做过非常多的与主业无关的工作。作为当时一家体量极小的互联网创业公司，腾讯不被外界看好，也没有自身的护城河。后来因为看到了国外的 ICQ 业务并产生灵感，才诞生了为人所熟知的 QQ 即时通信软件。

QQ 满足了 20 世纪 90 年代人们对于通信和交友的需求，很快获得了大量注册用户。等用户破亿以后，这家初创公司早已成为人们刮目相看的存在。此后，QQ 游戏又横空出世，为腾讯带来了大量的收入。借着这两条产品线打造出的护城河，腾讯成功在港交所上市。随着时间的推移，腾讯还逐渐衍生出更多的业务线，成为一个庞大的商业帝国。

到了移动互联时代，腾讯担心 QQ 用户流失，为追赶更多的年轻用户，巩固自己的地位，公司内部又推出了微信 App。尽管同期竞争产品很多，但无一例外以失败告终。比如，2021 年 2 月 19 日正式宣布关停的米聊 App。米聊这款聊天工具被看作一个"百亿级的机会"，但在这场战争中，微信还是凭借产品上的不断创新，赢得了长足的胜利。一个可以参照的数据是,当微信推出2.0版本时,用户有400万,米聊有1000万。也就是说,如果后来微信没有不断地自我革命,极有可能被米聊夺走地位,那么今天国内互联网的市场格局也将被改写。

全球电子游戏霸主之一任天堂,最初也只是一个售卖卡牌的公司。在其成长历程中,它曾多次尝试转型,却都以失败告终。如果不是公司在20世纪80年代开始下定决心涉足游戏和电子玩具行业,今天电子游戏行业的格局可能也大不相同,如图6-2所示。

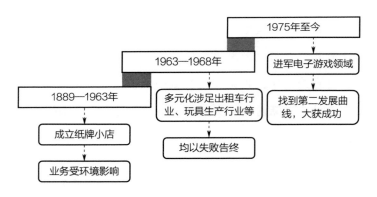

图6-2　任天堂的第二发展曲线

1889年,年仅29岁的山内房治郎在京都开设了任天堂卡牌小店,开始生产纸牌游戏,随着时间的推移,公司逐渐在大阪市场获得了一定影响力。1963年,正值繁盛

第六章
发展才是硬道理

的任天堂纸牌公司正式更名为"任天堂株式会社",并在当时的大阪和京都证券交易所上市,一时间风光无限。

但与迪士尼的合作却逐渐使任天堂纸牌公司意识到了自身危机。迪士尼卡牌及其衍生产品使其过度依赖儿童市场,等到后来日本社会更趋向于其他爱好,如弹球和保龄球时,迪士尼卡牌的销量便出现了下降趋势。当时任天堂的直接领导者是山内溥,1958年,他去美国参观了当时世界顶级的卡牌制造商"美国卡片公司",也正是这次参观使他坚定了自我改革的信心。因为世界第一的扑克企业实在是太寒酸了。"只做卡牌的公司,最后只有灭亡之途。"他不禁感慨道。

痛定思痛,任天堂在1963—1968年开始了自己的多元化尝试。从成立出租车公司、情侣酒店连锁网络,到生产玩具等,均以失败告终。危急关头,山内溥的女婿荒川实伸恰巧在美国观察到了电子游戏行业的机会,便对山内溥提出进军游戏领域的想法。也正是这一想法和建议,使任天堂终于找到了自己的第二发展曲线。

找到重心以后的任天堂,一发不可收拾。推出了Color TV Game 6 和 Color TV Game 15 游戏机,很快便卖出100万台。1980年4月,成立美国子公司"Nintendo of

America",并推出每台仅内置一个游戏的掌上游戏机"Game & Watch",一经推出也是风靡全球。久而久之,任天堂成了如今家喻户晓的电子游戏品牌。

发展是解决一切问题的根本。

从我在义乌开始卖房,到海南岛种槟榔,再到山东威海发传单,一步一步将山屿海从纯粹的酒旅企业,拓展到今天具有多元化生态的跨国公司,背后支撑我的核心精神就是"发展"。

回想当年在海南岛卖槟榔的时候,艰辛无比;在山东威海拓客发传单的时候,日夜难眠。经历过那些晦暗无光的日子,我深知不断探寻的重要性,"千山万水,千辛万苦,千方百计,千言万语"——唯有步履不停,才能看见梦中的碧海蓝天。

"日拱一卒无有尽,功不唐捐终入海。"市场不相信眼泪,只相信持续成功的人。也只有持续不断的成功,才能在黑夜里杀出一条血路,迎来真正属于自己的光明。

商业的本质从不改变：
"三高一低"商业原则

浙江义乌小商品为什么能从义乌走向世界？旺旺等国内消费品牌，为什么能够成为屈指可数的世界性品牌？背后都离不开最基本的商业逻辑——一种不可替代的盈利模式。

我原创的"三高一低"商业理论，基本可以解释市面上所有成功的商业模式。"一低"指的是成本低，"三高"指的是高刚需、高复购和高倍率（倍率即利润率）。若商业模式满足其中两点至三点，便很容易在市场竞争中建立护城河。

比如，义乌小商品瞄准的是普通人日常的消费刚需，SKU品类齐全，同时成本极低，在保持一定利润的情况下通过薄利多销策略，产生极强复购。而旺旺等消费品牌，不仅拥有成本低、高倍率的特点，还满足高刚需、高复购的特质，自然历久弥新。

"三高一低"商业理论的缘起

针对目标用户,提供独一无二的产品或服务,在高刚需的基础上,产生极强的复购,如果还能满足低成本、高倍率的特点,那便是最好的商业模式,如图6-3所示。

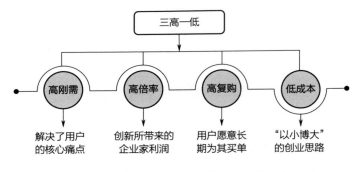

图6-3 "三高一低"理论可带来最好的商业模式

低成本的含义不仅是在字面上,更是"以小博大"。在山屿海的初创期,我最擅长使用的就是农村包围城市策略,因为低成本试错。比如,在威海选取1600元/平方米的二手房,在日本选取新潟这样未被开发的地区,这种思路使我们的业务可以低成本持续性拓展,从海南岛、威海到安吉、上海直至全球。

第六章
发展才是硬道理

在山屿海的创业过程中，我们首创了很多商业模式。比如，候鸟式旅居。早在海南岛的时候，我就看到，只有当地资源是无法长期满足客户的度假需求的，于是基于核心用户的特点，我设计出了，"冬到海南岛，夏到威海，春秋来浪漫的天目山"这种旅游模式——这便是后来被国内旅游行业争相效仿的"分时度假"的雏形。这样既满足了客户在不同季节的旅行需求，也在一定程度上帮他们节省了旅行决策成本。给我们带来的是客户黏性所产生的高刚需，以及习惯性选择所带来的高复购。

知名风投资本家，同时也是苹果前首席宣传官的盖伊·川崎，也曾提出过自己对于商业模式的思考：①公司的产品或服务对于客户有什么样的不可替代性价值？②公司提供产品或服务的能力是否独特？他认为只有公司提供的产品或服务对用户而言有不可替代的价值且用户愿意长期买单，公司才算真正拥有了自己的核心护城河。盖伊·川崎其实讲的是商业模式的两个核心要素：高刚需和高复购。高刚需的本质就是，公司针对用户痛点，提供了不可替代的价值；高复购的核心在于，用户愿意长期为公司提供的某种价值付费。这种长期付费的数据表现就是复购率高。

2013年民宿兴起以后，整个酒店行业受到了一定冲击。

2016年的时候，我就开始思考应对策略。最后独树一帜地开辟了膳食补充剂、温热舱等康养业务。在日本冲绳，观察到琉球温热舱的市场潜力以后，我下决心开发自己的核心技术和专利，并与中科院合作，为用户群体提供全方位的健康生活管理方案。这些商业模式上的创新，也终于为我们的业务带来了高于市场均值的利润率。

约瑟夫·熊彼特在其所写的《经济发展理论》一书中曾提及："这个世界上只有一种利润，叫企业家利润，只有企业家才能获得利润。"他认为，大部分没有创新的企业，虽然能够生存，但并不真正拥有利润，如某些利润薄如刀片的传统制造企业，获得的仅仅是社会付给企业的"管理工资"。

熊彼特的核心观点在于，唯有创新才能带来极高的垄断利润，而垄断利润也是企业家愿意创新的根本原因。他认为企业家是稀缺的，只有那些懂得在市场上不断创新的人，才是真正意义上的企业家。

这一理论可以解释很多商业世界里的现象。比如，中国旺旺为什么能在近六十年间长期稳占零食行业霸主地

第六章 发展才是硬道理

位,并且拥有高达 40% 以上的毛利率?回溯中国旺旺的品牌成长史,不难发现端倪。首先是对于产品层面的精雕细琢。从旺旺仙贝到旺仔小馒头等一系列产品,无一不是一经推出,就能迅速在市场上引发好评。在台湾省占稳市场后,旺旺很快又将商业版图扩大到大陆,曾以 85% 的市场占有率称霸大陆零食行业。

旺旺是一个拥有独特产品口味,极强品牌标识,并且能够给消费者带来无限欢乐的品牌。它的成长,除了改革开放后所带来的市场红利,也反映了"三高一低"商业原则的具体应用。其于 2022 年 6 月 28 日发布的财报显示,公司营收同比增长 9.0%,达到 239.85 亿元,创上市以来业绩新高。"2021 财年我们实现了收益 239.849 亿元人民币,相较没来大陆投资前成长超过 100 倍。"旺旺董事局主席兼行政总裁蔡衍明不无骄傲地表示。

完全不满足"三高一低"原则,是伪商业

过去市场上有非常多的风口,从 O2O 到共享经济再到新零售等概念,都是当时红极一时,事后一地鸡毛。核心原因还是在于商业模式本身并不成立。

以 2015 年的 O2O 风口为例。O2O 的本质是，到家服务取代原有的到店服务。当时所涉及的创业方向包括美容、家政、搬家等多个服务领域，河狸家、58 到家等项目较为知名。公开资料显示，2015 年大概发生 1600 起投资事件，三年后，投资热度下降 80% 以上。那么，为什么 O2O 是伪风口呢？

从"三高一低"理论来看，首先到家服务并不是用户的真正刚需。对于大部分用户而言，家政也好，美容也罢，都不是生活中最必需的事情，即便有这一需求，频次也不会很高。并且特定的项目，如美容，更加注重到店体验感受与逃离家庭环境的身心放松。

没有需求就创造需求。当时的很多创业公司，普遍采取补贴拉动用户的方式，在商户一侧，则是以要挟用户流量的方式推动其为用户上门服务。在资本的加持下，泡沫越吹越大。用户也因为感受到了短暂的好处，愿意在这些 O2O 平台短期消费。

从用户角度换位思考，在到店服务离自己更近、时间成本更低的情况下，为什么他们要选择上门服务？除价格更具吸引力以外，服务质量及与服务人员或平台所构建的信任关系等，也都是非常重要的因素。在需求频次不高的情况下，理由足够充分，才能产生极强的用户黏性和复购率。

但这也在某种程度上提升了平台的准入门槛。平台追求规模，需要更多优质商家入驻，就需要不断补贴。就理性逻辑而言，这一商业模式很难天然成立。因为，在资本不愿意继续烧钱的时候，创业公司的补贴就难以为继，而用户也会回归理性，逐渐离开平台。简单来说，这类服务不是真正的刚需，没有办法真正留住用户。

泡沫越吹越大，到家服务平台的成本也越来越高。一方面平台需要不断补贴去留住用户和商户，另一方面他们也需要不断去教育市场，花费更多的推广成本。地推是其中最为常见的方式，对于一家普通的创业公司而言，可能地推人员就在几千人以上。

烧钱换规模，一直难盈利。这是O2O模式被外界认为是伪商业的表象，核心还是这一商业模式，无论从任何一个角度，都不满足"三高一低"原则。

之后火起来的共享单车热潮，是另一个伪风口。2015年共享单车最火的时候，放眼望去满街都是在骑共享单车的人们，一时间出现了数十家竞相模仿者。结果两三年时间,负面消息频出,共享单车押金难退,用户疯狂追债。

从商业模式的角度来说,共享单车也不是用户的真正刚需。因为就骑车这样的需求,其实通过买自行车也可得到低成本满足,并且用户不会天天骑车,在天气不好的时候,这部分需求会藏匿起来。

对创业公司而言,共享单车的成本主要集中在运营层面,折旧、后期维护、调度和运维等,这些均需要花费大量的人力和资金成本。总而言之,这不是一门利润率很高的生意,如果没有资本持续输血,共享单车的故事很难为继。

真正可持续的商业模式,都暗含"三高一低"原则

真正长期可持续的商业模式,都暗含"三高一低"原则。比如,我们所熟悉的白酒行业,在2022年绝大多数企业在受负面影响的情况下却实现了逆势增长。公开数据显示,2022年度,白酒实现营收6626.5亿元,与2021年同期营收6033.48亿元相比,增长了9.8%;净利润为2201.7亿元,相比2021年同期净利润1701.94亿元,增长了近30%。

第六章
发展才是硬道理

为什么白酒能够经久不衰地引领市场，对抗经济周期所带来的不确定性？因为这一行业技术更迭较慢、行业增长空间大，并且自生长能力较强，不需要过多依赖外界资本，行业韧性很强。

从需求端而言，中国有传承几千年的白酒文化，对消费者来说是刚需，亦能满足社交需求；高刚需带来持续的高复购，而白酒的工艺虽然复杂，制造成本却相对不高，由此产生了巨大的利润空间。

从 2022 年第三季度的数据可以看出，A 股中前 20 家酒企有 16 家净利润增长，平均净利润增速 17.52%。其中老白干酒、山西汾酒增速靠前，分别为 122.3% 和 45.7%。作为整个消费行业中毛利率很高的板块，20 家酒企的平均毛利率为 60%，其中贵州茅台更是以 91.87% 的水平稳居行业第一。财报数据显示，贵州茅台当年营业收入达到 897.86 亿元，同比增长 16.52%；净利润 463.14 亿元，同比增长 17.03%。

互联网上曾经流传一句话："A 股是酱香味儿的。"可见贵州茅台在股市中的地位。截至 2023 年 3 月 6 日，贵州茅台总市值为 2.27 万亿元，稳坐 A 股龙头。而这已经不是第一次了。

从茅台的产品品质来看，茅台的制作极其考验天时地利人和，经过端午制曲、重阳下沙，选取小麦、有机高粱为原料，二次投料，八次发酵，九次蒸煮，以及七次取酒等一系列工艺流程，方能成就佳酿。产品只是第一道关。仅仅如此，茅台也很难与其他酒品牌产生区别。从历史角度来看，茅台多次出现在国宴中，早就是普通人心目中的"国酒"。对时下消费者而言，其不仅具备消费价值，也包含文化、社交甚至收藏等诸多属性。

高刚需决定高复购。消费者购买茅台，更多是在为其品牌溢价而买单。而茅台的高毛利率，正是由优质的产品、文化的加成，以及消费者不断上涨的热情所支撑的。

2022年3月，i茅台官方应用正式上线，很多人都参与到了这场抢购大战中。据了解，在一个小时内，首日预约申购总人数超过229万，申购总人数达到了622万。

白酒行业为什么能在经济环境受影响的情况下逆势增长？核心就在于其行业特点能够穿越经济周期。

时间是个好东西，它会让价格回归价值，也会让事物的本质更加凸显。斗转星移之间，市场的风口变了又变，但商业的本质却从不改变。

参考文献

[1] 未来数字城市探索者. 深度！王兴的9次失败：创业最快的成长，是待在挑战圈、恐慌圈的边缘[EB/OL].（2021-06-06）. https://www.sohu.com/a/470735376_121124379.

[2] 村上春树. 当我谈跑步时我谈些什么[M]. 施小炜，译. 海口：南海出版公司，2009.

[3] 肖特. 毛泽东传[M]. 仝小秋，杨小兰，张爱茹，译. 北京：中国青年出版社，2004.

[4] YUQI的博客. 你不知道的秘密——谷歌和布林佩奇的故事[EB/OL].（2017-07-17）. https://blog.csdn.net/glodream/article/details/75221769.

[5] 澎湃新闻. 李国庆抢公章案一审裁定书公布，当当要求其赔偿10.7万元[EB/OL].（2021-03-16）. https://baijiahao.baidu.com/s?id=1694370082090510669&wfr=spider&for=pc.

[6] 第一财经. 梁信军辞去复星副董事长兼CEO，董事长郭广昌称二把手当得隐忍[EB/OL].（2017-03-28）. https://www.yicai.com/news/5256335.html.

[7] 市界. 复星"五剑客"往事[EB/OL].（2021-02-15）. https://cj.sina.com.cn/articles/view/6468040956/1818678fc02000sytv?from=finance&sudaref=cn.bing.com&display=0&retcode=0.

[8] 说湛蓝爱娱乐. "空巴文化"是什么？为何稻盛和夫一有机会就与员工一起喝酒？[EB/OL].（2021-06-26）. https://www.163.com/dy/article/GDENP8BS05373BDE.html.

[9] 第一桶金学派.阿米巴管理法:让每一个员工参与经营,提升团队自主性[EB/OL].(2021-10-28).https://baijiahao.baidu.com/s?id=1714834398152684846&wfr=spider&for=pc.

[10] 橙子的视角.亚马逊如何使会议更高效[EB/OL].(2021-06-18).https://www.hrloo.com/lrz/14588470.html.

[11] 数英网.凡客的荣辱兴衰,是一场雷军也救不回来的"中年危机"[EB/OL].(2017-09-19).https://www.digitaling.com/articles/40150.html.

[12] 萌呆冰.凡客诚品现在怎么样了,凡客为何衰落,还有崛起的希望吗[EB/OL].(2020-11-30).https://baijiahao.baidu.com/s?id=1684751742663511506.

[13] 新浪财经.两周狂卷5000万粉丝,刘畊宏背后的推手做了什么?[EB/OL].(2022-05-01).https://finance.sina.com.cn/tech/2022-05-02/doc-imcwipii7556371.shtml.

[14] 新浪网.华夏幸福,滚滚天雷何时休?[EB/OL].(2021-02-22).http://k.sina.com.cn/article_5389480151_1413cf0d700100uzjd.html.

[15] 新浪财经.很明显,这一次是抖音先慌了![EB/OL].(2022-08-24).https://finance.sina.com.cn/chanjing/gsnews/2022-08-24/doc-imizmscv7469763.shtml?finpagefr=p_111.

[16] 观察者网.让我们从技术的角度来聊聊TikTok[EB/OL].(2020-08-13).https://baijiahao.baidu.com/s?id=1674866234549115987&wfr=spider&for=pc.

[17] 新浪科技.QuestMobile 2022下沉市场洞察报告:"县域经济"潜力如何抓住?增长超5000万的行业,六成由下沉市场贡献[EB/OL].(2022-06-07).https://baijiahao.baidu.com/s?id=1734940203503763715&wfr=spider&for=pc.

[18] 菲利普斯.邓普顿教你逆向投资[M].杨晓红,译.北京:中信出版社,2010.

[19] 长江商报.蛋壳公寓被纽交所摘牌市值蒸发80%,近4年亏损超63亿[EB/OL].(2021-04-08). https://baijiahao.baidu.com/s? id =1696433094685394990&wfr = spider&for = pc.

[20] ABS交流合作.首单公寓类REITs发行 万亿长租市场成资本风口[EB/OL].(2017-10-19). https://www.sohu.com/a/199082722_803365.

[21] sharp非常距离.房租一直在上涨,只是最近有点猛,长租公寓是怎么玩的[EB/OL].(2018-08-25). https://sh.focus.cn/zixun/1e26e14b848289dc.html.

[22] 中国经济网.万达轻资产 盘活"老"商业[EB/OL].(2022-04-18). https://baijiahao.baidu.com/s? id =1730430829107809954&wfr = spider&for = pc.

[23] 周文辉,薛楠,田甜,等.创立3年,年入30亿,花西子怎么做到的?[EB/OL].(2021-06-11). https://baijiahao.baidu.com/s? id =1702258108715277161&wfr = spider&for = pc.

[24] 时尚生活实验室.产品力驱动口碑,花西子斩获2021年度用户最偏爱国妆品牌TOP1[EB/OL].(2022-02-24). https://baijiahao.baidu.com/s? id =1725639348109322097&wfr = spider&for = pc.

[25] 178软文明明.全球影响力获认可,花西子获颁"中国全球化品牌成长明星榜20强"[EB/OL].(2022-07-28). https://www.sohu.com/a/572370023_121430109.

[26] 新华网.看看2020年消费新趋势:"国潮"日渐兴起[EB/OL].(2020-12-18). https://news.cctv.com/2020/12/18/ARTIShWIZF1EqvxFyVR2tfwB201218.shtml.

[27] 联商网.投了320亿元,上半年新消费融资依旧很疯狂[EB/OL].(2022-07-13). https://36kr.com/p/dp1825721728861697.

[28] 何何的美食说. 希尔顿旅店的品牌故事:借鸡生蛋,借钱生钱[EB/OL]. (2021-06-18). https://max.book118.com/html/2020/0523/-8066107022002113.shtm.

[29] 精品读书赏鉴. 人活着,要有危机意识[EB/OL]. (2018-09-22). https://www.sohu.com/a/255446651_100279311.

[30] 斯涅克. 无限的游戏[M]. 石雨晴,译. 天津:天津科学技术出版社,2020.

[31] Zoe Xu. 科技创新打破产品边界,海尔洗衣机定义未来新赛道[EB/OL]. (2022-02-26). https://runwise.co/product-innovation/109131.html.

[32] 财商e线. 海伦司刚开始发展的一些故事[EB/OL]. (2022-07-26). https://baijiahao.baidu.com/s?id=1739396932583471565&wfr=spider&for=pc.

[33] 甜口茉莉. 看"三顿半"如何实现从0到1[EB/OL]. (2021-04-17). https://www.sohu.com/a/461430931_120057219.

[34] 共创超越之旅. 最好的成长,从拥抱痛苦开始[EB/OL]. (2022-07-27). https://view.inews.qq.com/a/20220727A07OTJ00?refer=wx_hot.

[35] 三月的河. 乔布斯,被自己创立的苹果公司赶走,十年后,重返苹果续写传奇[EB/OL]. (2021-11-24). https://view.inews.qq.com/k/20211124A0BZCL00?web_channel=wap&openApp=false.

[36] 搜狐历史. 91年前的今天,米老鼠第一次亮相[EB/OL]. (2019-09-19). https://www.sohu.com/a/341854750_120003965.

[37] 新北方琳琳书屋. 华特·迪士尼梦想,从来都不是说说而已[EB/OL]. (2016-12-15). https://www.sohu.com/a/121691323_488335.

[38] 高阳. 红顶商人胡雪岩[M]. 南京:江苏文艺出版社,2012.

[39] 霍洛维茨. 创业维艰[M]. 杨晓红,钟莉婷,译. 北京:中信出版社,2015.

[40] 蒂尔.从0到1[M].高玉芳,译.北京:中信出版社,2015.

[41] 观察未来科技.手机出货量大幅下降,小米艰难的高端化之路[EB/OL].(2022-08-21). https://www.sohu.com/a/578551955_121447081.

[42] 星晚.在双十一中出圈的生鲜食品,迎来一场冷链大考?[EB/OL].(2021-11-11). https://baijiahao.baidu.com/s?id=1716125525743436268&wfr=spider&for=pc.

[43] 孤影潇湘.大器晚成宗庆后:42岁创业,蹬三轮卖冰棍,三年打造娃哈哈帝国[EB/OL].(2021-12-10). https://www.163.com/dy/article/GQRODATL0543L370.html.

[44] 诸暨潮生活_plth1.这个诸暨人,中国最低调的隐形百亿富豪,做过泥水匠,种过蘑菇,最后因一场"水战"狂揽100亿[EB/OL].(2017-05-04). https://www.sohu.com/a/138327959_286231.

[45] 弹指间行摄.中国最善经商的温州人,带"三把刀"闯世界,在全球各地立足发家[EB/OL].(2019-10-11). https://www.sohu.com/a/346272299_100306.

[46] 人民日报.加快建设农业强国(全面推进乡村振兴)[EB/OL].(2022-11-02). http://news.cnr.cn/native/gd/sz/20221102/t20221102_526049531.shtml.

[47] 刘玉荣,李鹏飞.当好生态卫士 守护绿水青山——党的二十大报告在林区干部职工中引起强烈反响[EB/OL].(2022-10-21). http://economy.nmgnews.com.cn/system/2022/10/21/013364566.shtml.

[48] 西安文旅之声.14年常演常新,《长恨歌》演艺背后的"成功学"[EB/OL].(2020-08-11). https://baijiahao.baidu.com/s?id=1674713133535338959.

[49] 上市公司研究院.巴菲特二季度罕见巨亏3000亿元,仍持有可口可乐34年不卖[EB/OL].(2022-08-09).https://www.163.com/money/article/HEBR8CCN00258105.html.

[50] 先知书店.丘吉尔一生,从未对世界灰心,而是坚持不懈,等待时机[EB/OL].(2022-09-07).https://www.bizchinalaw.com/archives/41549.

[51] 华尔街见闻.黑色星期一重现!1987年股灾,巴菲特、索罗斯、达利欧怎么应对的?[EB/OL].(2020-03-10).https://baijiahao.baidu.com/s?id=1660741853895062080&wfr=spider&for=pc.

[52] 中信出版集团.瑞·达利欧:周期不是占星术,而是经济规律[EB/OL].(2019-03-15).https://baijiahao.baidu.com/s?id=1628062251001185218.

[53] 数字营销网.褚时健"励志橙"背后的营销方法大揭秘[EB/OL].(2020-05-29).https://www.shuziyingxiao.net/wlyx/zhyx/41531.html.

[54] 21世纪商业评论.理想汽车投资人:为何我们持续重仓电动车[EB/OL].(2021-01-07).http://finance.sina.com.cn/stock/relnews/us/2021-01-07/doc-iiznezxt1103007.shtml.

[55] 每日经济新闻.先后做空京东、优信,又将矛头指向贾跃亭,这家机构用28页报告称FF一辆车也卖不出去[EB/OL].(2021-10-08).https://baijiahao.baidu.com/s?id=1713031952372132841&wfr=spider&for=pc.

[56] 界面新闻.证监会披露乐视网财务造假细节:串通"走账"虚构业务、伪造合同虚增业绩[EB/OL].(2021-04-13).https://baijiahao.baidu.com/s?id=1696924291885128261&wfr=spider&for=pc.

[57] 茗颂.网易曾经险些被退市,丁磊向段永平求助,段永平一招让

网易起死回生[EB/OL].(2021-10-30). https://page.om.qq.com/page/OjMJo6gBz1_gPdx8cHeoMLg0.

[58] 正和岛标准.看完段永平的100条思考,我终于悟出他为何这么牛[EB/OL].(2021-05-01). https://baijiahao.baidu.com/s?id=1698546006959806355&wfr=spider&for=pc.

[59] 知乎.超过130岁:任天堂的超凡历史[EB/OL].(2020-09-24). https://zhuanlan.zhihu.com/p/258700144.

[60] 一机游戏菌.进入游戏界前的任天堂在做什么？以纸牌起家,卖过泡面还开过酒店[EB/OL].(2020-11-02). https://www.163.com/dy/article/FQEPMOA20546NI1O.html.

[61] 创业邦.上门O2O到底是不是伪命题？[EB/OL].(2016-07-07). https://www.woshipm.com/chuangye/369893.html.

[62] 约瑟夫·熊彼特.经济发展理论[M].孔伟艳,朱攀峰,娄季芳,译.北京:北京出版社,2008.

[63] 盖伊·川崎.创业的艺术[M].李旭大,译.北京:当代中国出版社,2006.